그리스도인의 성품

KB206263

이문선 지음 · 두루제자훈련원 편

엔크리스토
ENCHRISTO

"예수께서 모든 도시와 마을에 두루 다니사

그들의 회당에서 가르치시며

천국 복음을 전파하시며
모든 병과 모든 약한 것을 고치시니라"

(마 9:35)

두루제자훈련원(두루선교회)은
예수님이 모든 도시와 마을에 두루 다니사
가르치시며(teaching ministry)
전파하시며(preaching ministry)
고치시는(healing ministry)
사역을 하신 것을 통하여
두루선교에 대한 비전을 가지고 사역하고 있다.

주님께서 우리에게 부탁하신 지상명령은 이 땅 위에 하나님의 나라를 확장하라는 것입니다.

하나님의 나라를 확장하려면 평신도들이 재생산하는 주님의 제자가 되어야 합니다. 주님의 교회는 성도들을 재생산하는 제자로 훈련시켜야 합니다.

이것은 교회 성장을 넘어 교회보다 더 큰 개념인 하나님 나라의 확장을 이루기 위한 것입니다. 우리는 지상명령을 실천하기 위하여 평신도를 무장하려고 합니다.

이 일을 위한 방편으로 그 동안 교회의 목회 현장에서 목회자들과 성도들과 청년들과 함께 공부해 오던 내용들을 정리하여 부족하지만 교재로 출간하게 되었습니다.

본인의 경우 부교역자 때 처음 청년부에 적용해 보았는데 그들이 예수님을 영접하고 말씀을 열심히 배우고 교회로 돌아오고 변화되는 것을 경험하였습니다.

교회를 개척하여 장년부에도 적용하여 보았는데 기존 교인들보다 오히려 초신자들이 더 열심히 배우고 빠르게 성장하는 것을 경험하였습니다.

고등학생 두 명을 데리고 제자성경공부를 시작하였는데 이들이 크게 성장하여 이후 대학에 들어가 캠퍼스에서 제자훈련을 실시하게 되었습니다.

복음을 듣고 교회 출석하여 6개월만에 학습 받고 캠퍼스 리더로 사역하는 모델도 나왔습니다. 큰 교회는 말할 것도 없거니와 작은 교회는 한번 실시해 보기를 권합니다.

개척교회라 사람이 없으면 여자반, 남자반, 청년반, 학생반 네 반을 만들어 각 반에 최소 두 명으로 시작해 볼 것을 권합니다. 교회가 건강하게 성장하고 성도들이 행복하게 신앙 생활하며 재생산하는 것을 경험하게 될 것입니다.

하나님께서 훈련되고 무장된 성도들을 구름 떼와 같이 일으키셔서 하나님의 나라가 크게 확장되어 가기를 소망합니다.

2006. 새해 아침에

이문선(Moon Sun Lee)

유재원 교수(총신대학교 신학대학원 구약학)

저자는 총신대학교 신학대학원에서 공부하며 '제자훈련의 이론과 실제'라는 졸업 논문을 썼고 우수한 성적으로 졸업하였습니다.

그 이후 계속 공부하면서 교회를 개척하여 목회에 적용하며 제자훈련을 실시하였고 지금까지 30여년 가까이 제자훈련 이 한 길만을 걸어오며 연구하고 발전시켰습니다.

그래서 큰 교회는 말할 것도 없고 특별히 작은 교회에 좋은 모델이 될 수 있다고 봅니다.

두루제자훈련 교재는 개혁주의적인 입장에서 쓴 제자훈련 신학이 잘 정립된 교재일 뿐만 아니라 개척 시부터 교회를 성장시키기까지 목회 현장에서 경험한 내용들을 정선하여 교재화한 매우 현장감 넘치는 내용들을 담고 있습니다.

그동안 한국 교회는 대부분 전통적인 목회 방식으로 교회 성장을 이루려 해 왔으나 본 교재는 제자훈련 목회를 도입한 새로운 목회 방향을 제시하고 있습니다.

그러므로 두루제자훈련 교재는 제자훈련을 한 단계 더 향상시켰고 평신도 사역의 새로운 모델을 제시했다고 봅니다.

두루제자훈련 교재는 평신도가 배운 후 그가 다른 사람들을 양육할 수 있도록 구성되어 있으므로 양육 교재는 아주 이해하기 쉬운 특성을 가지고 있습니다.

이 사실은 이미 전국의 교회 장년부와 청년부 그리고 중고등부에서 사용하고 있으며 전국의 대학 캠퍼스와 고등학교, 직장 모임 등에서 두루제자훈련 교재를 사용하여 사역을 하고 있는 것으로 보아 충분히 입증되고 있습니다. 놀라운 일은 이런 모임들을 훈련된 평신도들이 인도하고 있으며 특별히 청년들은 아주 탁월하게 사역하는 모델들을 보게 됩니다.

본인은 두루제자훈련원의 사역을 들으면서 신선하며 목회의 새로운 비전을 보았습니다.

앞으로 두루제자훈련원을 통해 한국 교회의 변화와 성장을 가져올 것으로 믿습니다.

더 나아가 국내뿐만 아니라 전 세계로 확산되어 하나님 나라의 확장에 크게 기여할 것으로 확신하며 기쁘게 추천하는 바입니다.

제12권 320 제자무장과정 2단계

그리스도인의 성품

그리스도의 인격과 성품을 닮아 가는 성숙한
그리스도의 제자가 되도록 훈련한다.

1. 성령의 인도하심과 깨닫게 해 주시기를 위해 기도하십시오.

2. 결석과 지각을 하지 않고 성실히 참석하도록 하십시오.

3. 예습과 복습을 철저히 하십시오.

4. 각 참고 구절의 배경과 의미를 파악하십시오.

5. 토의에 적극 참여하도록 하십시오.

6. 열린 마음으로 정답이 아니라 자신의 생각을 나누십시오.

7. 작은 실천을 구체적으로 적용하십시오.

8. 적용한 것을 실천하기 위해 기도하십시오.

9. 지식적인 성경공부보다 인격과 삶의 변화에 힘쓰십시오.

10. 각 과의 소감과 깨달은 말씀을 정리해 놓으십시오.

11. 과제를 철저히 하는 습관을 기르십시오.

12. 매일 경건 생활을 훈련하는 습관을 기르십시오.

1. 순종과 불순종

"한 사람이 순종하지 아니함으로 많은 사람이 죄인 된 것 같이
한 사람이 순종하심으로 많은 사람이 의인이 되리라" (롬 5:19)

1

신앙생활의 가장 기본은 순종이라 할 수 있습니다.

인간은 하나님의 말씀에 순종하지 않았기 때문에 타락했습니다.

그래서 타락한 인간은 순종하지 않고 불순종하려고 합니다.

오늘날은 불순종과 거역의 시대라고 말할 수 있습니다.

신앙 훈련이란 순종하는 사람으로 만드는 것이라고 해도 과언이 아닙니다.

'순종하다' 는 헬라어로 '휘파쿠오' 인데 '아래서', '듣는다' 라는 두 단어가 합성된 단어입니다.

순종은 권위 아래 자신을 굴복시키는 것을 말합니다.

'듣다' 는 '순종하다' 라는 말을 의미하기도 하므로 들음과 순종은 같은 말입니다.

(롬 1:5) 그로 말미암아 우리가 은혜와 사도의 직분을 받아 그의 이름을 위하여 모든 이방인 중에서 믿어 순종하게 하나니

믿음과 순종은 나눌 수 없으며 믿음은 순종으로 표현됩니다.

불순종은 하나님과 하나님의 말씀, 하나님의 권위에 거역하는 것입니다.

1. 순종의 이유와 중요성

1) 참된 순종은 어떻게 하는 것입니까?

(요일 5:3) 하나님을 사랑하는 것은 이것이니 우리가 그의 계명들을 지키는 것이라

(눅 6:46) 나를 불러 주여 주여 하면서도 어찌하여 내가 말하는 것을 행하지 아니하느냐

(마 21:28) 어떤 사람에게 두 아들이 있는데 맏아들에게 가서 이르되 얘 오늘 포도원에 가서 일하라 하니 (마 21:29) 대답하여 이르되 아버지여 가겠나이다 하더니 가지 아니하고 (마 21:30) 둘째 아들에게 가서 또 그와 같이 말하니 대답하여 이르되 싫소이다 하였다가 그 후에 뉘우치고 갔으니

(요 15:10) 내가 아버지의 계명을 지켜 그의 사랑 안에 거하는 것 같이 너희도 내 계명을 지키면 내 사랑 안에 거하리라

2) 순종은 왜 그렇게 중요합니까?

(롬 5:19) 한 사람이 순종하지 아니함으로 많은 사람이 죄인 된 것 같이 한 사람이 순종하심으로 많은 사람이 의인이 되리라

(롬 6:17) 너희가 본래 죄의 종이더니 너희에게 전하여 준 바 교훈의 본을 마음으로 순종하여 (롬 6:18) 죄로부터 해방되어 의에게 종이 되었느니라

(요 3:36) 아들을 믿는 자에게는 영생이 있고 아들을 순종하지 아니하는 자는 영생을 보지 못하고 도리어 하나님의 진노가 그 위에 머물러 있느니라

(행 5:32) 하나님이 자기에게 순종하는 사람들에게 주신 성령도 그러하니라 하더라

(행 5:29) 사도들이 대답하여 이르되 사람보다 하나님께 순종하는 것이 마땅하니라

(마 8:27) 이이가 어떠한 사람이기에 바람과 바다도 순종하는가 하더라

(전 12:13) 일의 결국을 다 들었으니 하나님을 경외하고 그의 명령들을 지킬지어다 이것이 모든 사람의 본분이니라

(마 7:24) 그러므로 누구든지 나의 이 말을 듣고 행하는 자는 그 집을 반석 위에 지은 지혜로운 사람 같으리니

(요일 3:22) 무엇이든지 구하는 바를 그에게서 받나니 이는 우리가 그의 계명을 지키고

(요 14:23) 예수께서 대답하여 이르시되 사람이 나를 사랑하면 내 말을 지키리니 내 아버지께서 그를 사랑하실 것이요 우리가 그에게 가서 거처를 그와 함께 하리라

(신 11:27) 너희에게 명하는 너희의 하나님 여호와의 명령을 들으면 축복이 될 것이요

(신 11:28) 너희가 만일 내가 오늘 너희에 명령하는 도에서 돌이켜 떠나 너희의 하나님 여호와의 명령을 듣지 아니하고 본래 알지 못하던 다른 신들을 따르면 저주를 받으리라

(삼상 15:22) 여호와께서 번제와 다른 제사를 그의 목소리를 청종하는 것을 좋아하심 같이 좋아하시겠나이까 순종이 제사 보다 낫고 듣는 것이 숫양의 기름보다 나으니

(삼상 15:23) 이는 거역하는 것은 점치는 죄와 같고 완고한 것은 사신 우상에게 절하는 죄와 같음이라

3) 신앙생활은 한 마디로 무엇이라고 할 수 있습니까?
나는 순종의 사람이었습니까? 아니면, 불순종의 사람이었습니까?

4) 나는 이제 순종하지 못했던 어떤 것을 회개하고 고치겠습니까?

2. 순종의 대상
1) 우리가 순종해야 할 대상은 누구이고 또 무엇입니까?
(신 13:4) 너희는 너희의 하나님 여호와를 따르며 그를 경외하며 그의 명령을 지키며 그의 목소리를 청종하며 그를 섬기며 그를 의지하며

2) 우리가 순종해야 할 이유는 무엇입니까?

(요 14:15) 너희가 나를 사랑하면 나의 계명을 지키리라

(요 14:21) 나의 계명을 지키는 자라야 나를 사랑하는 자니

3) 우리가 순종해야 할 사람들은 누구입니까?
왜 우리가 이 사람들에게 순종해야 합니까?

(골 3:20) 자녀들아 모든 일에 부모에게 순종하라 이는 주 안에서 기쁘게 하는 것이니라

(히 13:17) 너희를 인도하는 자들에게 순종하고 복종하라 그들은 너희 영혼을 위하여 경성하기를 자신들이 청산할 자인 것 같이 하느니라

(엡 5:22) 아내들이여 자기 남편에게 복종하기를 주께 하듯 하라

(벧전 3:1) 아내들아 이와 같이 자기 남편에게 순종하라 이는 혹 말씀을 순종하지 않는 자라도 말로 말미암지 않고 그 아내의 행실로 말미암아 구원을 받게 하려 함이니

(엡 5:21) 그리스도를 경외함으로 피차 복종하라

(롬 13:1) 각 사람은 위에 있는 권세들에게 복종하라 권세는 하나님으로부터 나지 않음이 없나니 모든 권세는 다 하나님께서 정하신 바라

(엡 6:5) 종들아 두려워하고 떨며 성실한 마음으로 육체의 상전에게 순종하기를 그리스도께 하듯 하라

(벧전 2:18) 사환들아 범사에 두려워함으로 주인들에게 순종하되 선하고 관용하는 자들에게만 아니라 또한 까다로운 자들에게도 그리하라

4) 내가 잘 순종하지 못했던 사람들은 누구이며 왜 그러했습니까?
순종하지 못했던 것을 나는 이제 어떻게 순종하도록 하겠습니까?

3. 순종과 불순종의 사람들

1) 순종에 대해 서로 다른 반응을 보인 사람들은 누구였습니까?

(롬 5:19) 한 사람이 순종하지 아니함으로 많은 사람이 죄인 된 것 같이 한 사람이 순종하심으로 많은 사람이 의인이 되리라

(삼상 28:18) 네가 여호와의 목소리를 순종하지 아니하고 그의 진노를 아말렉에게 쏟지 아니하였으므로 여호와께서 오늘 이 일을 네게 행하셨고

(삼하 8:4) 병거 일백 대의 말만 남기고 다윗이 그 외의 병거의 말은 다 발의 힘줄을 끊었더니

(대하 9:25) 솔로몬의 병거 메는 말의 외양간은 사천이요 마병은 만 이천 명이라

(욘 1:3) 그러나 요나가 여호와의 얼굴을 피하려고 일어나 다시스로 도망하려 하여

(욘 3:3) 요나가 여호와의 말씀대로 일어나서 니느웨로 가니라

2) 이 사람들은 어떤 순종과 불순종을 하였습니까?

3) 순종의 사람들에게서 본받아야 할 순종의 모습은 어떤 것입니까?

(눅 2:51) 예수께서 함께 내려가사 나사렛에 이르러 순종하여 받드시더라

(창 22:9) 이에 아브라함이 그 곳에 제단을 쌓고 나무를 벌여 놓고 그의 아들 이삭을 결박하여 제단 나무 위에 놓고 (창 22:10) 손을 내밀어 칼을 잡고 그 아들을 잡으려 하니

(수 5:3) 여호수아가 부싯돌로 칼을 만들어 할례 산에서 이스라엘 자손들에게 할례를 행하니라

4) 나는 이제 어떤 말씀에 적극적으로 순종하겠습니까?

4. 순종의 자세와 태도

1) 순종하는 마음의 자세와 태도는 어떠해야 합니까?

(신 30:2) 너와 네 자손이 네 하나님 여호와께로 돌아와 내가 오늘 네게 명령한 것을 온전히 따라 마음을 다하고 뜻을 다하여 여호와의 말씀을 청종하면

(시 119:34) 내가 주의 법을 준행하며 전심으로 지키리이다

(민 32:12) 갈렙과 눈의 아들 여호수아는 여호와를 온전히 따랐느니라

(히 11:8) 믿음으로 아브라함은 부르심을 받았을 때에 순종하여 장래의 유업으로 받을 땅에 나아갈새 갈 바를 알지 못하고 나아갔으며

(눅 5:5) 시몬이 대답하여 이르되 선생님 우리들이 밤이 새도록 수고하였으되 잡은 것이 없지마는 말씀에 의지하여 내가 그물을 내리리이다 하고

(사 1:19) 너희가 즐겨 순종하면 땅의 아름다운 소산을 먹을 것이요

(수 1:7) 오직 강하고 극히 담대하여 나의 종 모세가 네게 명령한 그 율법을 다 지켜 행하고

(벧전 5:5) 젊은 자들아 이와 같이 장로들에게 순종하고 다 서로 겸손으로 허리를 동이라

(골 3:22) 종들아 모든 일에 육신의 상전들에게 순종하되 사람을 기쁘게 하는 자와 같이 눈가림만 하지 말고 오직 주를 두려워하여 성실한 마음으로 하라

(히 5:8) 그가 아들이시면서도 받으신 고난으로 순종함을 배워서

2) 순종할 때 나의 태도 중 무엇이 가장 문제입니까?

3) 우리는 순종하되 어떻게 순종해야 합니까?

(시 119:60) 주의 계명들을 지키기에 신속히 하고 지체하지 아니하였나이다

(고후 2:9) 너희가 범사에 순종하는지 그 증거를 알고자 하여

(눅 2:51) 예수께서 함께 내려가사 나사렛에 이르러 순종하여 받드시더라

(렘 35:8) 우리가 레갑의 아들 우리 선조 요나답이 우리에게 명령한 모든 말을 순종하여 우리와 우리 아내와 자녀가 평생 동안 포도주를 마시지 아니하며

(시 119:33) 여호와여 주의 율례들의 도를 내게 가르치소서 내가 끝까지 지키리

이다

(욘 3:4) 요나가 그 성읍에 들어가서 하루 동안 다니며 외쳐 이르되

(롬 16:19) 너희의 순종함이 모든 사람에게 들리는지라

(살후 3:14) 누가 이 편지에 한 우리 말을 순종하지 아니하거든 그 사람을 지목하여 사귀지 말고 그로 하여금 부끄럽게 하라

4) 나는 하나님이 받으시도록 어떤 부분에서 기쁘게 순종하겠습니까?

5. 순종과 불순종의 결과
1) 순종한 사람은 누구이고 어떤 것에 순종하였습니까?

(창 6:22) 노아가 그와 같이하여 하나님이 자기에게 명하신 대로 다 준행 하였더라

(창 22:18) 또 네 씨로 말미암아 천하 만민이 복을 받으리니 이는 네가 나의 말을 준행하였음이니라 하셨다 하니라

(신 28:2) 네가 네 하나님 여호와의 말씀을 청종하면 이 모든 복이 네게 임하며

(수 1:8) 이 율법책을 네 입에서 떠나지 말게 하며 주야로 그것을 묵상하여 그 안에 기록된 대로 다 지켜 행하라 그리하면 네 길이 평탄하게 될 것이며 네가 형통하리라

(렘 35:19) 레갑의 아들 요나답에게서 내 앞에 설 사람이 영원히 끊어지지 아니하리라

(요 2:8) 이제는 떠서 연회장에게 갖다 주라 하시매 갖다 주었더니

(마 12:13) 손을 내밀리 히시니 그가 내밀매 다른 손과 같이 회복되어 성하더라

(눅 17:14) 보시고 이르시되 가서 제사장들에게 너희 몸을 보이라 하셨더니 그들이 가다가 깨끗함을 받은지라

(빌 2:8) 자기를 낮추시고 죽기까지 복종하셨으니 곧 십자가에 죽으심이라 (빌 2:9) 이러므로 하나님이 그를 지극히 높여 모든 이름 위에 뛰어난 이름을 주사

(눅 5:5) 말씀에 의지하여 내가 그물을 내리리이다 하고

(눅 5:6) 그렇게 하니 고기를 잡은 것이 심히 많아 그물이 찢어지는지라

2) 순종한 사람들은 어떤 복을 받았습니까?

3) 불순종한 사람들이 받는 결과는 무엇입니까?

(창 3:19) 너는 흙이니 흙으로 돌아갈 것이니라 하시니라

(벧전 3:20) 그들은 전에 노아의 날 방주를 준비할 동안 하나님이 오래 참고 기다리실 때에 복종하지 아니하던 자들이라

(민 32:11) 애굽에서 나온 자들이 이십 세 이상으로는 한 사람도 내가 아브라함과 이삭과 야곱에게 맹세한 땅을 결코 보지 못하리니 이는 그들이 나를 온전히 따르지 아니 하였음이니라

(신 28:62) 너희가 하늘의 별 같이 많을지라도 네 하나님 여호와의 말씀을 청종하지 아니하므로 남는 자가 얼마 되지 못할 것이라

(대하 36:21) 토지가 황폐하여 땅이 안식년을 누림 같이 안식하여 칠십 년을 지냈으니

(살후 1:8) 우리 주 예수의 복음에 복종하지 않는 자들에게 형벌을 내리시리니

(살후 1:9) 이런 자들은 주의 얼굴과 그의 힘의 영광을 떠나 영원한 멸망의 형벌을 받으리로다

4) 지금까지 순종해서 받은 복과 불순종해서 받은 징계의 경험을 말해 보십시오.

뿌리가 깊은 불순종을 어떻게 뽑아 버리겠습니까?

이 과를 마치면서

1. 순종의 사람이 되기 위해 어떻게 순종의 훈련을 하겠습니까?

소감 및 깨달은 말씀

2. 겸손과 교만

"무릇 자기를 높이는 자는 낮아지고 자기를 낮추는 자는 높아지리라" (눅 14:11)

2

인간은 사탄의 유혹을 받아 타락하였습니다.

(유 1:6) 또 자기 지위를 지키지 아니하고 자기 처소를 떠난 천사들을

사탄은 천사였으나 교만하여 타락한 자이며 그를 따랐던 천사들도 함께 타락하였습니다.

그리고 교만한 사탄이 인간을 교만하게 만들어 타락시켰습니다.

인간은 피조물의 위치를 떠나 하나님과 같이 되려고 하다가 타락하였습니다.

인간은 하나님으로부터 독립하여 하나님 없이 자기 스스로 살아가겠다고 하였습니다. 이는 결국 자신이 하나님 노릇 하며 살겠다는 것을 뜻합니다.

타락한 인간은 자신이 하나님 노릇 하려 하였으며 이것이 바로 교만입니다. 그래서 타락한 인간은 본래가 교만 덩어리입니다.

(롬 1:30) 교만한 자요 자랑하는 자요 악을 도모하는 자요

이렇게 타락한 인간은 철저히 교만한 존재입니다.

그런데 죄를 회개하고 예수 믿고 구원 받은 성도들은 자신의 피조물 된 본래의 위치를 깨닫고 겸손하게 됩니다.

겸손하신 예수님을 믿음으로써 우리도 겸손하게 되는 것입니다.

1. 겸손과 교만의 의미

1) 교만이란 무엇입니까?

(시 10:4) 악인은 그의 교만한 얼굴로 말하기를 여호와께서 이를 감찰하지 아니하신다 하며 그의 모든 사상에 하나님이 없다 하나이다

(대하 36:12) 예레미야가 여호와의 말씀으로 일러도 그 앞에서 겸손하지 아니하였으며

(잠 21:4) 눈이 높은 것과 마음이 교만한 것과 악인이 형통한 것은 다 죄니라

(욥 35:12) 그들이 악인의 교만으로 말미암아 거기에서 부르짖으나

2) 겸손이란 무엇입니까?

(습 2:3) 여호와의 규례를 지키는 세상의 모든 겸손한 자들아

(미 6:8) 여호와께서 네게 구하시는 것은 오직 정의를 행하며 인자를 사랑하며 겸손하게 네 하나님과 함께 행하는 것이 아니냐

(눅 18:13) 세리는 멀리 서서 감히 눈을 들어 하늘을 쳐다보지도 못하고 다만 가슴을 치며 이르되 하나님이여 불쌍히 여기소서 나는 죄인이로소이다 하였느니라

(눅 14:11) 무릇 자기를 높이는 자는 낮아지고 자기를 낮추는 자는 높아지리라

3) 인간이 교만해지는 이유는 무엇입니까?

(신 8:13) 또 네 소와 양이 번성하며 네 은금이 증식되며 네 소유가 다 풍부하게 될 때에

(호 13:6) 그들이 먹여 준 대로 배가 불렀고 배가 부르니 그들의 마음이 교만하여

(잠 20:1) 포도주는 거만하게 하는 것이요 독주는 떠들게 하는 것이라

(겔 30:6) 애굽의 교만한 권세도 낮아질 것이라

(대하 25:19) 네가 에돔 사람들을 쳤다고 네 마음이 교만하여 자긍하는도다

(고전 8:1) 우리가 다 지식이 있는 줄을 아나 지식은 교만하게 하며

(렘 9:23) 지혜로운 자는 그의 지혜를 자랑하지 말라 용사는 그의 용맹을 자랑하

지 말라

(눅 18:9) 자기를 의롭다고 믿고 다른 사람을 멸시하는 자들에게

(고전 1:26) 능한 자가 많지 아니하며 문벌 좋은 자가 많지 아니하도다

(겔 28:17) 네가 아름다우므로 마음이 교만하였으며

(딤전 3:6) 새로 입교한 자도 말지니 교만하여

4) 나는 마음과 눈과 입과 목과 발이 교만하지는 않습니까?
내가 교만할 때는 언제였고 이것을 어떻게 고치겠습니까?

2. 겸손과 교만의 사람들

1) 겸손의 왕이신 예수님의 겸손에 대해 말해 보십시오.

(빌 2:6) 그는 근본 하나님의 본체시나 하나님과 동등됨을 취할 것으로 여기지 아니하시고 (빌 2:7) 오히려 자기를 비워 종의 형체를 가지사 사람들과 같이 되셨고

(빌 2:8) 사람의 모양으로 나타나사 자기를 낮추시고 죽기까지 복종하셨으니 곧 십자가에 죽으심이라

(눅 2:7) 첫아들을 낳아 강보로 싸서 구유에 뉘었으니 이는 여관에 있을 곳이 없음이러라

(마 21:5) 그는 겸손하여 나귀, 곧 멍에 메는 짐승의 새끼를 탔도다 하라 하였느니라

(요 13:14) 내가 주와 또는 선생이 되어 너희 발을 씻었으니

2) 성경에서 겸손한 사람들은 어떻게 겸손하였습니까?

(창 18:27) 나는 티끌이나 재와 같사오나 감히 주께 아뢰나이다

(출 3:11) 내가 누구이기에 바로에게 가며 이스라엘 자손을 애굽에서 인도하여 내리이까

(렘 1:6) 주 여호와여 보소서 나는 아이라 말할 줄을 알지 못하나이다

(단 2:28) 오직 은밀한 것을 나타내실 이는 하늘에 계신 하나님이시라

(삼상 10:22) 여호와께서 대답하시되 그가 짐보따리들 사이에 숨었느니라 하셨더라

(왕상 3:7) 종은 작은 아이라 출입할 줄을 알지 못하고

(고전 15:8) 맨 나중에 만삭되지 못하여 난 자 같은 내게도 보이셨느니라

3) 교만한 자들은 어떻게 교만하였습니까?

(창 11:4) 또 말하되 자, 성읍과 탑을 건설하여 그 탑 꼭대기를 하늘에 닿게 하여 우리 이름을 내고 온 지면에 흩어짐을 면하자 하였더니

(느 9:10) 이적과 기사를 베푸사 바로와 그의 모든 신하와 그의 나라 온 백성을 치셨사오니 이는 그들이 우리의 조상들에게 교만하게 행함을 아셨음이라

(민 16:10) 하나님이 너와 네 모든 형제 레위 자손으로 너와 함께 가까이 오게 하셨거늘 너희가 오히려 제사장의 직분을 구하느냐

(행 12:23) 헤롯이 영광을 하나님께로 돌리지 아니하므로 주의 사자가 곧 치니 벌레에게 먹혀 죽으니라

(막 9:34) 그들이 잠잠하니 이는 길에서 서로 누가 크냐 하고 쟁론하였음이라

4) 나는 겸손해지기 위해 특별히 누구의 어떤 점을 본받겠습니까?

3. 겸손의 이유와 중요성

1) 교만하지 말아야 할 이유는 무엇입니까?

(잠 16:18) 교만은 패망의 선봉이요 거만한 마음은 넘어짐의 앞잡이니라

(잠 8:13) 나는 교만과 거만과 악한 행실과 패역한 입을 미워하느니라

(렘 50:31) 주 만군의 여호와의 말씀이니라 교만한 자여 보라 내가 너를 대적하나니

(시 31:23) 교만하게 행하는 자에게 엄중히 갚으시느니라

(잠 15:25) 여호와는 교만한 자의 집을 허시며

(잠 11:2) 교만이 오면 욕도 오거니와 겸손한 자에게는 지혜가 있느니라

(눅 1:51) 그의 팔로 힘을 보이사 마음의 생각이 교만한 자들을 흩으셨고

(욥 40:11) 너의 넘치는 노를 비우고 교만한 자를 발견하여 모두 낮추되

(시 119:21) 교만하여 저주를 받으며

(잠 13:10) 교만에서는 다툼만 일어날 뿐이라

(고전 13:4) 사랑은 자랑하지 아니하며 교만하지 아니하며

2) 교만함으로 인해 내가 경험했던 것은 무엇이었습니까?

3) 겸손해야 할 이유와 중요성은 무엇입니까?

(엡 4:1) 너희가 부르심을 받은 일에 합당하게 행하여 (엡 4:2) 모든 겸손과 온유로 하고

(벧전 5:5) 하나님은 교만한 자를 대적하시되 겸손한 자들에게는 은혜를 주시느니라 (벧전 5:6) 그러므로 하나님의 능하신 손 아래에서 겸손하라 때가 되면 너희를 높이시리라

(욥 22:29) 하나님은 겸손한 자를 구원하시리라

(잠 15:33) 여호와를 경외하는 것은 지혜의 훈계라 겸손은 존귀의 길잡이니라

(마 18:4) 누구든지 이 어린 아이와 같이 자기를 낮추는 사람이 천국에서 큰 자니라

(사 57:15) 또한 통회하고 마음이 겸손한 자와 함께 있나니 이는 겸손한 자의 영을 소생시키켜 통회하는 자의 마음을 소생시키려 함이라

(사 29:19) 겸손한 자에게 여호와로 말미암아 기쁨이 더하겠고

(잠 11:2) 겸손한 자에게는 지혜가 있느니라

(마 11:25) 천지의 주재이신 아버지여 이것을 지혜롭고 슬기 있는 자들에게는 숨기시고 어린 아이들에게는 나타내심을 감사하나이다

(시 10:17) 여호와여 주는 겸손한 자의 소원을 들으셨사오니

4) 나는 겸손하지 못했던 어떤 점을 고치겠습니까?

4. 겸손의 방법

1) 겸손해지려면 어떻게 해야 합니까?

(마 11:29) 나는 마음이 온유하고 겸손하니 나의 멍에를 메고 내게 배우라

(잠 16:19) 겸손한 자와 함께 하여 마음을 낮추는 것이

(습 2:3) 여호와의 규례를 지키는 세상의 모든 겸손한 자들아 너희는 여호와를 찾으며 공의와 겸손을 구하라

(대하 32:26) 히스기야가 마음의 교만함을 뉘우치고

(단 10:12) 네 하나님 앞에 스스로 겸비하게 하기로 결심하던 첫날부터

(빌 2:3) 오직 겸손한 마음으로 각각 자기보다 남을 낫게 여기고

(막 10:43) 너희 중에 누구든지 크고자 하는 자는 너희를 섬기는 자가 되고

(롬 12:3) 마땅히 생각할 그 이상의 생각을 품지 말고 오직 하나님께서 각 사람에게 나누어 주신 믿음의 분량대로 지혜롭게 생각하라

(롬 12:10) 형제를 사랑하며 서로 우애하고 존경하기를 서로 먼저 하며

(롬 12:16) 높은 데 마음을 두지 말고 도리어 낮은 데 처하며 스스로 지혜 있는 체 하지 말라

(눅 14:10) 청함을 받았을 때에 차라리 가서 끝자리에 앉으라

2) 하나님께서 교만한 사람을 겸손하게 만드시는 방법은 무엇입니까?

(대하 33:12) 그가 환난을 당하여 그의 하나님 여호와께 간구하고 그의 조상들의 하나님 앞에 크게 겸손하여

(눅 15:19) 나를 품꾼의 하나로 보소서 하리라 하고

(신 8:2) 사십 년 동안에 네게 광야 길을 걷게 하신 것을 기억하라 이는 너를 낮추시며

(출 10:3) 네가 어느 때가지 내 앞에 겸비하지 아니하겠느냐

(고후 12:7) 너무 자만하지 않게 하시려고 내 육체에 가시 곧 사탄의 사자를 주셨으니

(시 107:12) 그가 고통을 주어 그들의 마음을 겸손하게 하셨으니

3) 교만을 없애려면 어떻게 해야 합니까?

(욥 33:16) 그가 사람의 귀를 여시고 경고로써 두렵게 하시니 (욥 33:17) 이는 사람에게 그의 행실을 버리게 하려 하심이며 사람의 교만을 막으려 하심이라

(신 17:19) 평생에 자기 옆에 두고 읽어 그의 하나님 여호와 경외하기를 배우며

(신 17:20) 그리하면 그의 마음이 그의 형제 위에 교만하지 아니하고

(습 3:11) 그 때에 내가 네 가운데서 교만하여 자랑하는 자들을 제하여

4) 나는 교만의 뿌리를 뽑기 위해 어떻게 하겠습니까?

5. 겸손과 교만의 결과

1) 겸손하면 어떠한 복을 받습니까?

(빌 2:9) 이러므로 하나님이 그를 지극히 높여 모든 이름 위에 뛰어난 이름을 주사

(대하 12:7) 그들이 스스로 겸비하였으니 내가 멸하지 아니하고 저희를 조금 구원하여

(왕하 22:19) 네가 듣고 마음이 부드러워져서 여호와 앞 곧 내 앞에서 겸비하여 옷을 찢고 통곡하였으므로 나도 네 말을 들었노라 여호와가 말하였느니라

(시 10:17) 여호와여 주는 겸손한 자의 소원을 들으셨사오니

(시 22:26) 겸손한 자는 먹고 배부를 것이며 여호와를 찾는 자는 그를 찬송할 것이라

(대하 7:14) 내 백성이 그들의 악한 길에서 떠나 스스로 낮추고 기도하여 내 얼굴을 찾으면 내가 하늘에서 듣고 그들의 죄를 사하고 그들의 땅을 고칠지라

(잠 22:4) 겸손과 여호와를 경외함의 보상은 재물과 영광과 생명이니라

(왕상 21:29) 아합이 내 앞에서 겸비함을 네가 보느냐 그가 내 앞에서 겸비하므로 내가 재앙을 저의 시대에는 내리지 아니하고 그 아들의 시대에야 그의 집에 재앙을 내리리라

2) 나는 지금 하나님 앞에서 어떤 것에 대해 겸비하겠습니까?

3) 교만의 결과는 무엇입니까?

(유 1:6) 또 자기 지위를 지키지 아니하고 자기 처소를 떠난 천사들을 큰 날의 심판까지 영원한 결박으로 흑암에 가두셨으며

(사 14:13) 내가 하늘에 올라 하나님의 뭇 별 위에 내가 북극 집회의 산 위에 앉으리라 (사 14:14) 가장 높은 구름에 올라 지극히 높은 자와 같아지리라 하는도다 (사 14:15) 그러나 이제 네가 스올 곧 구덩이 맨 밑에 떨어짐을 당하리로다

(겔 31:10) 마음이 교만하였은즉 (겔 31:11) 내가 여러 나라의 능한 자의 손에 넘겨줄지라

(단 5:20) 그가 마음이 높아지며 뜻이 완악하여 교만을 행하므로 그의 왕위가 폐한 바 되며

(단 5:22) 왕은 그의 아들이 되어서 이것을 다 알고도 아직도 마음을 낮추지 아니하고

(삼하 24:15) 이에 여호와께서 그 아침부터 정하신 때까지 전염병을 이스라엘에게 내리시니 단에서부터 브엘세바까지 백성의 죽은 자가 칠만 명이라

(대하 32:25) 히스기야가 마음이 교만하여 그 받은 은혜를 보답하지 아니하므로 진노가 그와 유다와 예루살렘에 내리게 되었더니

(민 16:32) 땅이 그 입을 열어 그들과 그들의 집과 고라에게 속한 모든 사람과 그들의 재물을 삼키매

4) 나는 나의 어떤 교만을 회개하고 내버리겠습니까?

이 과를 마치면서

1. 하나님 앞에 겸손한 사람이 되게 해 달라고 기도하십시오.

소감 및 깨달은 말씀

3. 고난과 연단

"만일 그리스도인으로 고난을 받으면 부끄러워 말고 도리어
그 이름으로 하나님께 영광을 돌리라" (벧전 4:16)

3

일반적으로 고난은 정신적 고통, 육체적 고통, 경제적 고통 등 모든 고통을 포함하고 있습니다.

(욥 5:7) 사람은 고생을 위하여 났으니 불꽃이 위로 날아가는 것 같으니라

인생이란 죄로 말미암아 고난의 연속이라고 해도 과언이 아닙니다.

성도들도 이 세상을 살아가면서 많은 고난을 당하고 있습니다.

특별히 그리스도인들에게 고난은 어떤 의미가 있습니까?

예수님은 고난의 종으로 불리셨고 실제로 고난의 사람이셨습니다.

예수님 제자들의 삶도 고난으로 특징지어집니다.

(빌 1:29) 그리스도를 위하여 너희에게 은혜를 주신 것은 다만 그를 믿을 뿐 아니라 또한 그를 위하여 고난도 받게 하심이라

예수 믿는 사람들은 구원과 더불어 고난도 받게 되어 있습니다.

1. 고난의 성격

1) 하나님께로부터 오는 고난에는 어떤 것들이 있습니까?

(창 3:19) 네가 흙으로 돌아갈 때까지 얼굴에 땀을 흘려야 먹을 것을 먹으리니

(출 7:4) 바로가 너희의 말을 듣지 아니할 터인즉 내가 내 손을 애굽에 뻗쳐 여러 큰 심판을 내리고

(히 12:6) 주께서 그 사랑하시는 자를 징계하시고 그가 받아들이시는 아들마다 채찍질하심이라 하였으니

(삼하 12:10) 이제 네가 나를 업신여기고 헷 사람 우리아의 아내를 빼앗아 네 아내로 삼았은즉 칼이 네 집에서 영원토록 떠나지 아니하리라 하셨고

(창 45:5) 하나님이 생명을 구원하시려고 나를 당신들보다 먼저 보내셨나이다

(요 9:3) 예수께서 대답하시되 이 사람이나 그 부모의 죄로 인한 것이 아니라 그에게서 하나님이 하시는 일을 나타내고자 하심이라

2) 사탄이 주는 고난에는 어떤 것들이 있습니까?

(요 13:2) 마귀가 벌써 시몬의 아들 가룟 유다의 마음에 예수를 팔려는 생각을 넣었더니

(욥 1:12) 여호와께서 사탄에게 이르시되 내가 그의 소유물을 다 네 손에 맡기노라 다만 그의 몸에는 네 손을 대지 말지니라 사탄이 곧 여호와 앞에서 물러가니라

(계 2:10) 볼지어다 마귀가 장차 너희 가운데에서 몇 사람을 옥에 던져 시험을 받게 하리니 너희가 십 일 동안 환난을 받으리라

(막 5:5) 밤낮 무덤 사이에서나 산에서나 늘 소리 지르며 돌로 자기의 몸을 해치고 있었더라

(눅 13:16) 그러면 열여덟 해 동안 사탄에게 매인 바 된 이 아브라함의 딸을 안식일에 이 매임에서 푸는 것이 합당하지 아니하냐

(눅 6:18) 더러운 귀신에게 고난 받는 자들도 고침을 받은지라

3) 내가 당하는 고난은 무엇으로부터 온 것입니까?

4) 고난이 무엇으로부터 온 것인지 어떻게 분별하고 대처하겠습니까?

2. 고난 받는 이유

1) 그리스도인들이 당하는 고난의 이유에는 어떤 것들이 있습니까?

(딤후 1:8) 우리 주를 증언함과 또는 주를 위하여 갇힌 자 된 나를 부끄러워하지 말고

(눅 21:12) 이 모든 일 전에 내 이름으로 말미암아 너희에게 손을 대어 박해하며 회당과 옥에 넘겨 주며 임금들과 집권자들 앞에 끌어 가려니와

(벧전 4:16) 만일 그리스도인으로 고난을 받으면 부끄러워 말고

(히 11:36) 또 어떤 이들은 조롱과 채찍질뿐 아니라 결박과 옥에 갇히는 시험도 받았으며 (히 11:37) 돌로 치는 것과 톱으로 켜는 것과 시험과 칼로 죽임을 당하고 양과 염소의 가죽을 입고 유리하여 궁핍과 환난과 학대를 받았으니

(딤후 2:9) 복음으로 말미암아 내가 죄인과 같이 매이는 데까지 고난을 받았으나

(고후 11:23) 수고를 넘치도록 하고 옥에 갇히기도 더 많이 하고.매도 수없이 맞고 여러 번 죽을 뻔하였으니 (고후 11:24) 유대인들에게 사십에서 하나 감한 매를 다섯 번 맞았으며 (고후 11:25) 세 번 태장으로 맞고 한 번 돌로 맞고 세 번 파선하고 일 주야를 깊은 바다에서 지냈으며 (고후 11:26) 여러 번 여행하면서 강의 위험과 강도의 위험과 동족의 위험과 이방인의 위험과 시내의 위험과 광야의 위험과 바다의 위험과 거짓 형제 중의 위험을 당하고 (고후 11:27) 또 수고하며 애쓰고 여러 번 자지 못하고 주리며 목마르고 여러 번 굶고 춥고 헐벗었노라

(살후 1:5) 그 나라를 위하여 너희가 또한 고난을 받느니라

(골 1:24) 그리스도의 남은 고난을 그의 몸 된 교회를 위하여 내 육체에 채우노라

(딤후 2:3) 너는 그리스도 예수의 좋은 병사로 나와 함께 고난을 받으라

(딤후 3:12) 그리스도 예수 안에서 경건하게 살고자 하는 자는 박해를 받으리라

(마 5:10) 의를 위하여 핍박을 받은 자는 복이 있나니 천국이 그들의 것임이라

(마 13:21) 말씀으로 말미암아 환난이나 박해가 일어날 때에는 곧 넘어지는 자요

2) 이러한 고난의 의미와 내용들을 설명해 보십시오.

3) 나는 주님 때문에 어떤 고난을 받아 보았습니까?

4) 이제 나는 무엇을 위해, 고난을 피하기보다는 기쁘게 감당하겠습니까?

3. 고난의 종류와 목적

1) 우리가 당하는 고난의 종류에는 어떤 것이 있습니까?

(벧전 2:20) 죄가 있어 매를 맞고 참으면 무슨 칭찬이 있으리요

(벧전 4:15) 너희 중에 누구든지 살인이나 도둑질이나 악행이나 남의 일을 간섭하는 자로 고난을 받지 말려니와

(벧전 2:19) 부당하게 고난을 받아도 하나님을 생각함으로 슬픔을 참으면 이는 아름다우나 (벧전 2:20) 그러나 선을 행함으로 고난을 받고 참으면 이는 하나님 앞에 아름다우니라

(요 15:18) 세상이 너희를 미워하면 너희보다 먼저 나를 미워한 줄을 알라

(사 53:4) 그는 실로 우리의 질고를 지고 우리의 슬픔을 당하였거늘 우리는 생각하기를 그는 징벌을 받아 하나님께 맞으며 고난을 당한다 하였노라

2) 내가 받는 고난은 주로 어떤 것이며 앞으로 어떤 고난을 받아야겠습니까?

3) 고난을 통해 이루시려는 하나님의 목적은 무엇입니까?

(빌 3:10) 내가 그리스도와 그 부활의 권능과 그 고난에 참여함을 알고자 하여

(골 1:24) 그리스도의 남은 고난을 그의 몸 된 교회를 위하여 내 육체에 채우노라

(눅 15:16) 그가 돼지 먹는 쥐엄 열매로 배를 채우고자 하되 주는 자가 없는지라

(고후 12:7) 여러 계시를 받은 것이 지극히 크므로 너무 자만하지 않게 하시려고 내 육체에 가시 곧 사탄의 사자를 주셨으니 이는 나를 쳐서 너무 자만하지 않게 하려 하심이라

(벧전 1:7) 너희 믿음의 확실함은 불로 연단하여도 없어질 금보다 더 귀하여

(욥 23:10) 그가 나를 단련하신 후에는 내가 순금 같이 되어 나오리라

(히 12:10) 그들은 잠시 자기의 뜻대로 우리를 징계하였거니와 오직 하나님은 우리의 유익을 위하여 그의 거룩하심에 참여하게 하시느니라

(롬 8:17) 우리가 그와 함께 영광을 받기 위하여 고난도 함께 받아야 할 것이니라

4) 나를 향하신 고난의 뜻과 목적을 이루기 위해 어떻게 하겠습니까?

4. 고난의 자세와 태도

1) 우리는 고난 당할 때 어떤 자세와 태도를 가져야 합니까?

(벧전 4:12) 사랑하는 자들아 너희를 연단 하려고 오는 불 시험을 이상한 일 당하는 것 같이 이상히 여기지 말고

(욥 1:22) 이 모든 일에 욥이 범죄하지 아니하고 하나님을 향하여 원망하지 아니하니라

(사 53:7) 그가 곤욕을 당하여 괴로울 때에도 그의 입을 열지 아니하였음이여 마치 도수장으로 끌려가는 어린 양과 털 깎는 자 앞에 잠잠한 양 같이 그의 입을 열지 아니하였도다

(살후 1:4) 그러므로 너희가 견디고 있는 모든 박해와 환난 중에서 너희 인내와 믿음으로 말미암아 하나님의 여러 교회에서 우리가 친히 자랑하노라

(벧전 4:16) 만일 그리스도인으로 고난을 받으면 부끄러워 말고

(계 2:10) 너는 장차 받을 고난을 두려워하지 말라

(약 1:2) 내 형제들아 너희가 여러 가지 시험을 만나거든 온전히 기쁘게 여기라

(고전 12:26) 만일 한 지체가 고통을 받으면 모든 지체가 함께 고통을 받고

(히 11:25) 도리어 하나님의 백성과 함께 고난 받기를 잠시 죄악의 낙을 누리는 것보다 더 좋아하고 (히 11:26) 그리스도를 위하여 받는 수모를 애굽의 모든 보화보다 더 큰 재물로 여겼으니 이는 상 주심을 바라봄이라

(벧전 2:23) 욕을 당하시되 맞대어 욕하지 아니하시고 고난을 받으시되 위협하지 아니하시고 오직 공의로 심판하시는 이에게 부탁하시며

(롬 12:14) 너희를 박해하는 자를 축복하라 축복하고 저주하지 말라

(욥 1:21) 주신 이도 여호와시요 거두신 이도 여호와시오니 여호와의 이름이 찬송을 받으실지니이다

(살전 5:18) 범사에 감사하라 이것이 그리스도 예수 안에서 너희를 향하신 하나님의 뜻이니라

(벧전 4:16) 만일 그리스도인으로 고난을 받으면 부끄러워 말고 도리어 그 이름으로 하나님께 영광을 돌리라

2) 이런 자세와 태도에 관해 설명하십시오.

3) 나는 고난 당할 때 어떤 자세와 태도를 보였습니까?

4) 이제 나는 고난 당할 때 어떤 태도를 시정하겠습니까?

5. 고난의 승리와 유익

1) 우리가 고난 당할 때 승리할 수 있는 방법은 무엇입니까?

(히 12:2) 믿음의 주요 또 온전하게 하시는 이인 예수를 바라보자

(고전 10:13) 시험 당할 즈음에 또한 피할 길을 내사 너희로 능히 감당하게 하시

느니라

(욥 5:19) 여섯 가지 환난에서 너를 구원하시며 일곱 가지 환난이라도 그 재앙이 네게 미치지 않게 하시며

(살전 3:3) 아무도 이 여러 환난 중에 흔들리지 않게 하려 함이라 우리가 이것을 위하여 세움 받은 줄을 너희가 친히 알리라

(약 5:13) 너희 중에 고난 당하는 자가 있느냐 그는 기도할 것이요

(잠 24:16) 대저 의인은 일곱 번 넘어질지라도 다시 일어나려니와

(히 10:32) 전날에 너희가 빛을 받은 후에 고난의 큰 싸움을 견디어 낸 것을 생각하라

(히 11:34) 불의 세력을 멸하기도 하며 칼날을 피하기도 하며

(느 9:9) 주께서 우리 조상들이 애굽에서 고난받는 것을 감찰하시며

(욥 36:6) 악인을 살려두지 아니하시며 고난받는 자에게 공의를 베푸시며

(약 1:5) 너희 중에 누구든지 지혜가 부족하거든 모든 사람에게 후히 주시고 꾸짖지 아니하시는 하나님께 구하라 그리하면 주시리라

(롬 8:35) 누가 우리를 그리스도의 사랑에서 끊으리요

(벧전 5:9) 이는 세상에 있는 너희 형제들도 동일한 고난을 당하는 줄을 앎이라

2) 지금 내가 이용해야 할 승리의 방법은 어떤 것입니까?

3) 고난을 통해 얻게 되는 유익에는 어떤 것들이 있습니까?

(마 5:11) 너희를 욕하고 박해하고 거짓으로 너희를 거슬러 모든 악한 말을 할 때에는 너희에게 복이 있나니 (마 5:12) 기뻐하고 즐거워하라 하늘에서 너희의 상이 큼이라

(시 119:67) 고난 당하기 전에는 내가 그릇 행하였더니 이제는 주의 말씀을 지키나이다

(시 119:71) 고난 당한 것이 내게 유익이라 이로 말미암아 내가 주의 율례들을 배

우게 되었나이다

(고후 1:9) 우리는 우리 자신이 사형 선고를 받은 줄 알았으니 이는 우리로 자기를 의지하지 말고 오직 죽은 자를 다시 살리시는 하나님만 의지하게 하심이라

(벧전 4:1) 이는 육체의 고난을 받은 자는 죄를 그쳤음이니

(히 2:10) 그들의 구원의 창시자를 고난을 통하여 온전하게 하심이 합당하도다

(롬 5:3) 환난은 인내를, (롬 5:4) 인내는 연단을, 연단은 소망을 이루는 줄 앎이로다

(약 1:3) 이는 너희 믿음의 시련이 인내를 만들어 내는 줄 너희가 앎이라

(고후 4:11) 우리 살아 있는 자가 항상 예수를 위하여 죽음에 넘겨짐은 예수의 생명이 또한 우리 죽을 육체에 나타나게 하려 함이니라

(벧전 5:10) 잠깐 고난을 당한 너희를 친히 온전하게 하시며 굳건하게 하시며 강하게 하시며 터를 견고하게 하시리라

(벧전 1:7) 너희 믿음의 확실함은 불로 연단하여도 없어질 금보다 더 귀하여 예수 그리스도께서 나타나실 때에 칭찬과 영광과 존귀를 얻게 할 것이니라

(고후 4:17) 우리가 잠시 받는 환난의 경한 것이 지극히 크고 영원한 영광의 중한 것을 우리에게 이루게 함이니

(롬 8:18) 현재의 고난은 장차 우리에게 나타날 영광과 비교할 수 없느니라

(히 2:18) 그가 시험을 받아 고난을 당하셨은즉 시험 받는 자들을 능히 도우실 수 있느니라

(살후 1:7) 환난을 받는 너희에게는 우리와 함께 안식으로 갚으시는 것이 하나님의 공의시니

4) 하나님께서 원하시는 사람이 되고자 어떻게 하겠습니까?

이 과를 마치면서

1. 나에게 주신 고난의 의미를 깊이 묵상해 보십시오.

4. 진실, 신실, 성실

"그런즉 너는 알라 오직 네 하나님 여호와는 하나님이시요
신실하신 하나님이시라 그를 사랑하고 그의 계명을 지키는 자에게는
천 대까지 그의 언약을 이행하시며 인애를 베푸시되" (신 7:9)

그리스도인의 성품 가운데 진실, 신실, 성실은 서로 일맥상통합니다.

'거짓' 이란 사실과 다르게 말하거나 속이거나 꾸미는 것을 말합니다.

'진실' 은 거짓이 없고 참된 것을 말합니다.

'신실' 이란 믿음직한 것을 말합니다.

'신실한' 이란 헬라어로 '피스토스' 이며 믿음이라는 말과 통합니다.

실제로 '피스토스' 는 우리말 성경에 '신실한, 진실한, 충성된, 믿음이 있는, 미쁜' 으로 번역되어 있습니다.

신실한 사람은 믿을 만한 사람, 믿을 수 있는 사람, 충성된 사람을 말합니다.

성실이라는 단어는 국어사전에 '거짓이 없고 참됨' 이라고 되어 있습니다.

원어의 의미도 진실, 성실, 충실 등으로 번역되었고 충성과도 통합니다.

그런데 일반적으로 '성실' 은 변함없고 꾸준하다는 인상을 줍니다.

그러니까 성실한 사람은 한 가지에 변함없이 꾸준히 하는 사람, 말한 대로 실행하는 사람, 믿을 수 있는 사람, 충성된 사람을 말합니다.

1. 거짓과 진실의 근원과 이유

1) 진실과 거짓의 근원은 누구입니까?

(시 33:4) 여호와의 말씀은 정직하며 그가 행하시는 일은 다 진실하시도다

(계 3:7) 거룩하고 진실하사 다윗의 열쇠를 가지신 이

(요 16:13) 진리의 성령이 오시면 그가 너희를 모든 진리 가운데로 인도하시리니

(요 8:44) 그는 처음부터 살인한 자요 진리가 그 속에 없으므로 진리에 서지 못하고 거짓을 말할 때마다 제 것으로 말하나니 이는 그가 거짓말쟁이요 거짓의 아비가 되었음이라

(롬 3:4) 그럴 수 없느니라 사람은 다 거짓되되 오직 하나님은 참되시다 할지어다

2) 거짓을 버리고 진실해야 할 이유는 무엇입니까?

(엡 4:25) 그런즉 거짓을 버리고 각각 그 이웃과 더불어 참된 것을 말하라 이는 우리가 서로 지체가 됨이라

(잠 12:22) 거짓 입술은 여호와께 미움을 받아도 진실하게 행하는 자는 그의 기뻐하심을 받느니라

(잠 19:22) 가난한 자는 거짓말하는 자보다 나으니라

(잠 11:1) 속이는 저울은 여호와께서 미워하시나 공평한 추는 그가 기뻐하시느니라

(잠 21:6) 속이는 말로 재물을 모으는 것은 죽음을 구하는 것이라

(골 3:9) 너희가 서로 거짓말을 하지 말라 옛 사람과 그 행위를 벗어버리고

(잠 15:8) 정직한 자의 기도는 그가 기뻐하시느니라

(잠 3:32) 정직한 자에게는 그의 교통하심이 있으며

(잠 14:25) 진실한 증인은 사람의 생명을 구원하여도 거짓말을 뱉는 사람은 속이느니라

(엡 5:9) 빛의 열매는 모든 착함과 의로움과 진실함에 있느니라

3) 거짓과 진실한 일에는 어떤 것들이 있습니까?

(호 7:13) 내가 그들을 건져 주려 하나 그들이 나를 거슬러 거짓을 말하고

(레 25:14) 네 이웃에게 팔든지 네 이웃의 손에서 사거든 너희 각 사람은 그의 형제를 속이지 말라

(레 6:3) 남의 잃은 물건을 줍고도 사실을 부인하여 거짓 맹세하는 등

(레 19:12) 너희는 내 이름으로 거짓 맹세함으로 네 하나님의 이름을 욕되게 하지 말라

(딤후 1:5) 이는 네 속에 거짓이 없는 믿음이 있음을 생각함이라

(고후 6:6) 지식과 오래 참음과 자비함과 성령의 감화와 거짓이 없는 사랑과

(행 5:3) 사탄이 네 마음에 가득하여 네가 성령을 속이고 땅 값 얼마를 감추었느냐

(겔 22:28) 스스로 허탄한 이상을 보며 거짓 복술을 행하며 여호와가 말하지 아니하였어도 주 여호와께서 이같이 말씀하셨느니라 하였으며

(살후 2:9) 악한 자의 나타남은 사탄의 활동을 따라 모든 능력과 표적과 거짓 기적과

(요일 1:6) 만일 우리가 하나님과 사귐이 있다 하고 어둠에 행하면 거짓말을 하고

(요일 1:8) 만일 우리가 죄가 없다고 말하면 스스로 속이고

(요일 2:4) 그를 아노라 하고 그의 계명을 지키지 아니하는 자는 거짓말하는 자요

(요일 4:20) 하나님을 사랑하노라 하고 그 형제를 미워하면 이는 거짓말하는 자니

(대상 29:17) 내가 정직한 마음으로 이 모든 것을 즐거이 드렸사오며

(슥 7:9) 너희는 진실한 재판을 행하며 서로 인애와 긍휼을 베풀며

4) 나는 거짓된 것을 어떻게 처리하겠습니까?

2. 거짓과 진실의 방법과 결과
1) 거짓되지 않고 진실하게 되는 방법은 무엇입니까?

(레 25:17) 너희 각 사람은 자기 이웃을 속이지 말고 네 하나님을 경외하라

(시 119:163) 나는 거짓을 미워하며 싫어하고 주의 율법을 사랑하나이다

(잠 30:8) 곧 헛된 것과 거짓말을 내게서 멀리 하옵시며

(시 51:10) 내 안에 정직한 영을 새롭게 하소서

2) 거짓된 사람과 진실한 사람에는 누가 있습니까?

(렘 23:25) 내 이름으로 거짓을 예언하는 선지자들의 말에 내가 꿈을 꾸었다

(마 24:24) 거짓 그리스도들과 거짓 선지자들이 일어나 큰 표적과 기사를 보여

(고후 11:13) 그런 사람들은 거짓 사도요 속이는 일꾼이니

(벧후 2:1) 이와 같이 너희 중에도 거짓 선생들이 있으리라

(고후 11:26) 거짓 형제 중의 위험을 당하고

(창 27:36) 그가 나를 속임이 이것이 두 번째니이다

(행 5:4) 사람에게 거짓말한 것이 아니요 하나님께로다

(왕상 3:6) 다윗이 성실과 공의와 정직한 마음으로 주와 함께 주 앞에서 행하므로

(욥 1:1) 그 사람은 온전하고 정직하여 하나님을 경외하며 악에서 떠난 자더라

(대하 31:20) 그의 하나님 여호와 보시기에 선과 정의와 진실함으로 행하였으니

(엡 6:21) 주 안에서 진실한 일꾼인 두기고가 모든 일을 너희에게 알리리라

3) 거짓과 진실의 결과는 무엇입니까?

(시 55:23) 피를 흘리게 하며 속이는 자들은 그들의 날의 반도 살지 못할 것이나

(시 31:18) 교만하고 완악한 말로 무례히 의인을 치는 거짓 입술이 말 못하는 자
되게 하소서

(시 101:7) 거짓을 행하는 자는 내 집안에 거주하지 못하며 거짓말하는 자는 내
목전에 서지 못하리로다

(잠 12:19) 진실한 입술은 영원히 보존되거니와 거짓 혀는 잠시 동안만 있을 뿐
이니라

(잠 21:28) 거짓 증인은 패망하려니와 확실히 들은 사람의 말은 힘이 있느니라

(계 21:8) 거짓말하는 모든 자들은 불과 유황으로 타는 못에 던져지리니

(렘 14:15) 그 선지자들은 칼과 기근에 멸망할 것이요

(계 14:5) 그 입에 거짓말이 없고 흠이 없는 자들이더이다

(잠 14:9) 정직한 자 중에는 은혜가 있느니라

(잠 14:11) 악한 자의 집은 망하겠고 정직한 자의 장막은 흥하리라

(잠 15:19) 정직한 자의 길은 대로니라

4) 나는 진실하기 위해 어떻게 하겠습니까?

3. 신실하신 하나님과 성도

1) 하나님의 신실하심은 어떻게 나타나고 있습니까?

(신 7:9) 오직 네 하나님 여호와는 하나님이시요 신실하신 하나님이시라 그를 사랑하고 그의 계명을 지키는 자에게는 천 대까지 그의 언약을 이행하시며 인애를 베푸시되

(민 23:19) 하나님은 사람이 아니시니 거짓말을 하지 않으시고 인생이 아니시니 후회가 없으시도다 어찌 그 말씀하신 바를 행하지 않으시며 하신 말씀을 실행하지 않으시랴

(요일 1:9) 만일 우리가 우리 죄를 자백하면 그는 미쁘시고 의로우사 우리 죄를 사하시며

(롬 3:3) 어떤 자들이 믿지 아니하였으면 어찌하리요 그 믿지 아니함이 하나님의 미쁘심을 폐하겠느냐

(고전 10:13) 오직 하나님은 미쁘사 너희가 감당하지 못할 시험 당함을 허락하지 아니하시고 시험 당할 즈음에 또한 피할 길을 내사 너희로 능히 감당하게 하시느니라

(살전 5:24) 너희를 부르시는 이는 미쁘시니 그가 또한 이루시리라

(살후 3:3) 주는 미쁘사 너희를 굳건하게 하시고 악한 자에게서 지키시리라

(딤후 2:13) 우리는 미쁨이 없을 지라도 주는 항상 미쁘시니

2) 하나님이 신실하시고 또 무엇이 신실하고 어떻게 해야 합니까?

(계 22:6) 또 그가 내게 말하기를 이 말은 신실하고 참된지라

(딛 1:9) 미쁜 말씀의 가르침을 그대로 지켜야 하리니

(딛 3:8) 이 말이 미쁘도다 원하건대 너는 이 여러 것에 대하여 굳세게 말하라

(히 10:23) 약속하신 이는 미쁘시니 우리가 믿는 도리의 소망을 움직이지 말며 굳게 잡고

3) 신실하신 하나님을 믿는 신실한 사람에는 누가 있습니까?

(엡 1:1) 에베소에 있는 성도들과 그리스도 예수 안에 있는 신실한 자들에게 편지하노니

(골 1:2) 골로새에 있는 성도들 곧 그리스도 안에서 신실한 형제들에게 편지하노니

(고전 4:17) 주 안에서 내 사랑하고 신실한 아들 디모데를 너희에게 보내었으니

(골 1:7) 에바브라에게 너희가 배웠나니 그는 너희를 위한 그리스도의 신실한 일꾼이요

(골 4:7) 그는 사랑받는 형제요 신실한 일꾼이요 주 안에서 함께 종이 된 자니라

(골 4:9) 신실하고 사랑을 받는 형제 오네시모를 함께 보내노니

(벧전 5:12) 내가 신실한 형제로 아는 실루아노로 말미암아 너희에게 간단히 써서 권하고

4) 나는 어떤 것에 신실한 사람이 되도록 힘쓰겠습니까?

4. 신실하게 할 일과 결과

1) 신실하게 해야 할 일은 무엇입니까?

(요삼 1:5) 네가 무엇이든지 형제 곧 나그네 된 자들에게 행하는 것은 신실한 일이니

(시 5:9) 그들의 입에 신비함이 없고 그들의 심중이 심히 악하며

(잠 11:13) 두루 다니며 한담하는 자는 남의 비밀을 누설하나 마음이 신실한 자는 그런 것을 숨기느니라

(잠 14:5) 신실한 증인은 거짓말을 아니하여도 거짓 증인은 거짓말을 뱉느니라

(사 38:19) 주의 신실을 아버지가 그의 자녀에게 알게 하리이다

(신 23:23) 네 입으로 말한 것은 그대로 실행하도록 유의하라 무릇 자원한 예물은 네 하나님 여호와께 네가 서원하여 입으로 언약한 대로 행할지니라

2) 신실함의 결과는 무엇입니까?

(삼상 26:23) 여호와께서 사람에게 그의 공의와 신실을 따라 갚으시리니

(눅 12:46) 생각하지 않은 날 알지 못하는 시간에 그 종의 주인이 이르러 엄히 때리고 신실하지 아니한 자의 받는 벌에 처하리니

(히 11:11) 믿음으로 사라 자신도 나이가 많아 단산하였으나 잉태할 수 있는 힘을 얻었으니 이는 약속하신 이를 미쁘신 줄 알았음이라

(삼상 18:3) 요나단은 다윗을 자기 생명 같이 사랑하여 더불어 언약을 맺었으며

3) 내가 신실하게 하지 못했던 것은 무엇입니까?

4) 나는 신실하게 행하고자 어떻게 하겠습니까?

5. 성실하신 하나님과 성도

1) 하나님의 성실하심은 어떠합니까?

(시 119:90) 주의 성실하심은 대대에 이르나이다

(사 11:5) 공의로 그 허리띠를 삼으며 성실로 그의 몸의 띠를 삼으리라

(시 119:138) 주께서 명령하신 증거들은 의롭고 지극히 성실하니이다

(시 132:11) 여호와께서 다윗에게 성실히 맹세하셨으니 변하지 아니하실지라

(시 54:5) 주께서는 내 원수에게 악으로 갚으시리니 주의 성실하심으로 그들을

멸하소서

(사 25:1) 주는 기사를 옛적의 정하신 뜻대로 성실함과 진실함으로 행하셨음이라

2) 성도들이 성실하게 해야 할 일은 무엇입니까?

(시 78:37) 그의 언약에 성실하지 아니하였음이로다

(수 14:7) 이 땅을 정탐하게 하였으므로 내가 성실한 마음으로 그에게 보고하였고

(왕하 12:15) 또 그 은을 받아 일꾼에게 주는 사람들과 회계하지 아니하였으니 이는 그들이 성실히 일을 하였음이라

(잠 29:14) 왕이 가난한 자를 성실히 신원하면 그의 왕위가 영원히 견고하리라

(사 59:14) 공의가 멀리 섰으며 성실이 거리에 엎드러지고

(렘 23:28) 내 말을 받은 자는 성실함으로 내 말을 말할 것이라

(롬 12:8) 혹 위로하는 자면 위로하는 일로, 구제하는 자는 성실함으로

(엡 6:5) 성실한 마음으로 육체의 상전에게 순종하기를 그리스도께 하듯 하라

3) 성실함의 결과는 무엇입니까?

(왕상 3:6) 내 아버지 다윗이 성실과 공의와 정직한 마음으로 주와 함께 주 앞에서 행하므로 주께서 그에게 큰 은혜를 베푸셨고 주께서 또 그를 위하여 이 큰 은혜를 항상 주사 오늘과 같이 그의 자리에 앉을 아들을 그에게 주셨나이다

(잠 28:18) 성실하게 행하는 자는 구원을 받을 것이나

(잠 11:3) 정직한 자의 성실은 자기를 인도하거니와

4) 나는 하고 있는 일을 성실하게 하고 있습니까?
나는 어떤 일을 더욱 성실하게 하겠습니까?

이 과를 마치면서

1. 진실하고 신실하고 성실한 사람이 되게 해 달라고 기도하십시오.

소감 및 깨달은 말씀

5. 거룩과 순결

"오직 너희를 부르신 거룩한 이처럼 너희도 모든 행실에 거룩한 자가 되라 기록되었으되 내가 거룩하니 너희도 거룩할지어다 하셨느니라" (벧전 1:15-16)

5

거룩함은 기본적으로 구별이나 분리를 뜻합니다.

그리고 깨끗하고 흠이 없는 상태를 의미합니다.

거룩함은 속되거나 부정(不淨)하지 않고 정(淨)한 것을 말합니다.

거룩함은 하나님에 의해서 하나님을 위하여 구별되어진 것을 말합니다.

죄와 악으로부터 떠나 하나님께 구별하여 드리는 것이 거룩함입니다.

순결이란 부정하지 않고 정결하고 깨끗한 것을 말합니다.

순결에는 영적 순결과 도덕적 순결이 있습니다.

영적 순결은 하나님께 대한 신앙의 정조를 지키는 것을 말합니다.

도덕적 순결에는 육체적인 순결과 마음의 순결이 다 포함됩니다.

1. 무엇이 거룩합니까?

1) 누가 거룩하시며 그것의 의미는 무엇입니까?

(호 11:9) 네 가운데 있는 거룩한 이니 진노함으로 네게 임하지 아니하리라

(롬 7:12) 이로 보건대 율법은 거룩하고 계명도 거룩하고 의로우며 선하도다

(눅 1:35) 이러므로 나실 바 거룩한 이는 하나님의 아들이라 일컬어지리라

(시 51:11) 나를 주 앞에서 쫓아내지 마시며 주의 성령을 내게서 거두지 마소서

2) 하나님이 거룩하시고 또 누가 거룩합니까?
우리의 거룩함은 언제 완성됩니까?

(출 19:6) 너희가 내게 대하여 제사장 나라가 되며 거룩한 백성이 되리라

(벧전 2:9) 그러나 너희는 택하신 족속이요 왕 같은 제사장들이요 거룩한 나라요 그의 소유가 된 백성이니

(고전 1:2) 고린도에 있는 하나님의 교회 곧 그리스도 예수 안에서 거룩하여지고 성도라 부르심을 받은 자들과

(히 3:1) 그러므로 함께 하늘의 부르심을 받은 거룩한 형제들아

(살전 3:13) 우리 주 예수께서 그의 모든 성도와 함께 강림하실 때에 하나님 우리 아버지 앞에서 거룩함에 흠이 없게 하시기를 원하노라

3) 거룩한 것들에는 어떤 것들이 있습니까?

(출 31:14) 너희는 안식일을 지킬지니 이는 너희에게 거룩한 날이 됨이니라

(레 27:28) 바친 것은 다 여호와께 지극히 거룩함이며

(눅 2:23) 이는 주의 율법에 쓴 바 첫 태에 처음 난 남자마다 주의 거룩한 자라

(롬 11:16) 제사하는 처음 익은 곡식 가루가 거룩한즉 떡덩이도 그러하고

(시 11:4) 여호와께서는 그의 성전에 계시고

(출 26:33) 그 휘장이 너희를 위하여 성소와 지성소를 구분하리라

(슥 14:20) 그 날에는 말 방울에까지 여호와께 성결이라 기록될 것이라

(슥 14:21) 예루살렘과 유다의 모든 솥이 만군의 여호와의 성물이 될 것인즉 제사 드리는 자가 와서 이 솥을 가져다가 그것으로 고기를 삶으리라

(왕상 8:4) 여호와의 궤와 회막과 성막 안의 모든 거룩한 기구들을 메고 올라가되

(벧후 1:18) 이 소리는 우리가 그와 함께 거룩한 산에 있을 때에

(대하 23:6) 제사장들과 수종드는 레위 사람들은 거룩한즉 여호와의 전에 들어오려니와

4) 나는 하나님을 위해 거룩히 구별해야 할 것을 구별하고 있습니까? 나는 거룩하게 구별하지 못했던 어떤 것을 구별하겠습니까?

2. 거룩해야 함의 이유와 거룩하게 하시는 분

1) 우리가 거룩해야 할 이유가 무엇입니까?

(벧전 1:16) 기록되었으되 내가 거룩하니 너희도 거룩할지어다 하셨느니라

(히 13:12) 예수도 자기 피로써 백성을 거룩하게 하려고 성문 밖에서 고난을 받으셨느니라

(살전 4:7) 하나님이 우리를 부르심은 부정하게 하심이 아니요 거룩하게 하심이니

(마 6:9) 하늘에 계신 우리 아버지여 이름이 거룩히 여김을 받으시오며

(약 4:8) 하나님을 가까이 하라 그리하면 너희를 가까이 하시리라 죄인들아 손을 깨끗이 하라 두 마음을 품은 자들아 마음을 성결하게 하라

(고전 3:16) 너희는 너희가 하나님의 성전인 것과 하나님의 성령이 너희 안에 계시는 것을 알지 못하느냐

(롬 12:1) 너희 몸을 하나님이 기뻐하시는 거룩한 산 제물로 드리라 이는 너희가 드릴 영적 예배니라

2) 누가 우리를 거룩하게 합니까?

(살전 5:23) 평강의 하나님이 친히 너희를 온전히 거룩하게 하시고

(히 10:10) 이 뜻을 따라 예수 그리스도의 몸을 단번에 드리심으로 말미암아 우리가 거룩함을 얻었노라

(고전 6:11) 우리 하나님의 성령 안에서 씻음과 거룩함과 의롭다 하심을 받았느니라

(고후 3:18) 우리가 다 수건을 벗은 얼굴로 거울을 보는 것 같이 주의 영광을 보매 그와 같은 형상으로 변화하여 영광에서 영광에 이르니 곧 주의 영으로 말미암음이니라

3) 거룩하게 사는 것에 대해 도전을 받는 이유는 무엇입니까?

4) 날마다 거룩해지기 위해 어떻게 하겠습니까?

3. 거룩해짐의 방법과 생활

1) 거룩해지려면 어떻게 해야 합니까?

(히 12:14) 모든 사람과 더불어 화평함과 거룩함을 따르라

(요일 3:3) 주를 향하여 이 소망을 가진 자마다 그의 깨끗하심과 같이 자기를 깨끗하게 하느니라

(엡 5:26) 이는 곧 물로 씻어 말씀으로 깨끗하게 하사 거룩하게 하시고

(벧전 1:22) 너희가 진리를 순종함으로 너희 영혼을 깨끗하게 하여

(딤전 4:5) 하나님의 말씀과 기도로 거룩하여짐이라

(고후 7:1) 이 약속을 가진 우리는 하나님을 두려워하는 가운데서 거룩함을 온전히 이루어

(히 12:10) 그들은 잠시 자기의 뜻대로 우리를 징계하였거니와 오직 하나님은 우리의 유익을 위하여 그의 거룩하심에 참여하게 하시느니라

(롬 6:19) 이제는 너희 지체를 의에게 종으로 내주어 거룩함에 이르라

2) 우리는 어떤 것에 거룩해져야 합니까?

(겔 20:39) 너희 예물과 너희 우상들로 내 거룩한 이름을 더럽히지 말지니라

(출 20:8) 안식일을 기억하여 거룩하게 지키라

(레 27:30) 나무의 열매는 그 십분의 일은 여호와의 것이니 여호와의 성물이라

(스 9:2) 그들의 딸을 맞이하여 아내와 며느리로 삼아 거룩한 자손이 그 지방 사람들과 서로 섞이게 하는데

(고전 7:14) 믿지 아니하는 남편이 아내로 말미암아 거룩하게 되고 믿지 아니하는 아내가 남편으로 말미암아 거룩하게 되나니 그렇지 아니하면 너희 자녀도 깨끗하지 못하니라

(신 23:14) 그러므로 네 진영을 거룩히 하라

(출 19:14) 백성에게 이르러 백성을 성결하게 하니 그들이 자기 옷을 빨더라

(레 20:13) 누구든지 여인과 동침하듯 남자와 동침하면 둘 다 가증한 일을 행함인즉

(행 15:29) 우상의 제물과 피와 목매어 죽인 것과 음행을 멀리할지니라

(신 22:5) 여자는 남자의 의복을 입지 말 것이요 남자는 여자의 의복을 입지 말 것이라

(고후 7:1) 육과 영의 온갖 더러운 것에서 자신을 깨끗하게 하자

(고후 6:17) 너희는 그들 중에서 나와서 따로 있고 부정한 것을 만지지 말라

3) 나의 생활 가운데 거룩하지 못했던 것은 어떤 것입니까?

4) 나는 거룩하게 살고자 어떤 것을 고치겠습니까?
나는 거룩해지기 위해 무엇을 힘쓰겠습니까?

4. 거룩해짐의 결과
1) 거룩한 생활의 축복은 무엇입니까?

(고후 6:17) 너희는 그들 중에서 나와서 따로 있고 부정한 것을 만지지 말라 내가 너희를 영접하여 (고후 6:18) 너희에게 아버지가 되고 너희는 내게 자녀가 되리라

(롬 6:22) 하나님께 종이 되어 거룩함에 이르는 열매를 맺었으니 그 마지막은 영생이라

(행 26:18) 나를 믿어 거룩하게 된 무리 가운데서 기업을 얻게 하리라 하더이다

(딤후 2:21) 누구든지 이런 것에서 자기를 깨끗하게 하면 귀히 쓰는 그릇이 되어

(엡 5:27) 자기 앞에 영광스러운 교회로 세우사 티나 주름 잡힌 것이나 이런 것들이 없이 거룩하고 흠이 없게 하려 하심이라

(계 19:8) 그에게 빛나고 깨끗한 세마포 옷을 입도록 허락하셨으니 이 세마포 옷은 성도들의 옳은 행실이로다 하더라

(히 12:14) 모든 사람과 더불어 화평함과 거룩함을 따르라 이것이 없이는 아무도 주를 보지 못하리라

2) 거룩하게 살지 못한 사람은 결국 어떻게 됩니까?

(출 31:15) 여호와께 거룩한 것이라 안식일에 일하는 자는 누구든지 반드시 죽일지니라

(사 63:18) 주의 거룩한 백성이 땅을 차지한 지 오래지 아니하여서 우리의 원수가 주의 성소를 유린하였사오니

(고전 3:17) 누구든지 하나님의 성전을 더럽히면 하나님이 그 사람을 멸하시리라 하나님의 성전은 거룩하니 너희도 그러하니라

3) 구별된 생활로 인해 복을 받은 경험을 나누어 보십시오.
구별되게 살지 못해 부끄러움을 당했던 경험을 나누어 보십시오.

4) 나는 하나님의 성전으로서 어떤 것을 거룩하게 하겠습니까?

5. 순결
1) 우리가 순결해야 할 이유는 무엇입니까?

(살전 4:3) 하나님의 뜻은 이것이니 너희의 거룩함이라 곧 음란을 버리고

(출 20:14) 간음하지 말라

(고후 11:2) 내가 너희를 정결한 처녀로 한 남편인 그리스도께 드리려고 중매함 이로다

(고전 6:13) 몸은 음란을 위하여 있지 않고 오직 주를 위하여 있으며 주는 몸을 위하여 계시느니라

(고전 6:18) 음행하는 자는 자기 몸에 죄를 범하느니라 (고전 6:19) 너희 몸은 너희가 하나님께로부터 받은 바 너희 가운데 계신 성령의 전인 줄을 알지 못하느냐

(약 4:4) 간음한 여인들아 세상과 벗된 것이 하나님과 원수됨을 알지 못하느냐

(호 9:1) 너는 이방 사람처럼 기뻐 뛰놀지 말라 네가 음행하여 네 하나님을 떠나고

2) 순결하고자 우리는 어떻게 해야 합니까?

(고전 6:18) 음행을 피하라

(딤후 2:22) 또한 너는 청년의 정욕을 피하고

(행 15:29) 우상의 제물과 피와 목매어 죽인 것과 음행을 멀리할지니라

(고전 7:2) 음행을 피하기 위하여 남자마다 자기 아내를 두고 여자마다 자기 남편을 두라

(잠 7:22) 젊은이가 곧 그를 따랐으니 소가 도수장으로 가는 것 같고 (잠 7:23) 새가 빨리 그물로 들어가되 그의 생명을 잃어버릴 줄을 알지 못함과 같으니라

(벧전 2:11) 영혼을 거슬러 싸우는 육체의 정욕을 제어하라

(욥 31:1) 내가 내 눈과 약속하였나니 어찌 처녀에게 주목하랴

(마 5:29) 만일 네 오른 눈이 너로 실족하게 하거든 빼어 내버리라

(잠 6:28) 사람이 숯불을 밟고서야 어찌 그의 발이 데지 아니하겠느냐

(잠 6:29) 남의 아내와 통간하는 자도 이와 같을 것이라 그를 만지는 자마다 벌을 면하지 못하리라

(엡 5:3) 음행과 온갖 더러운 것과 탐욕은 너희 중에서 그 이름조차도 부르지 말라

(고전 7:5) 서로 분방하지 말라

3) 순결한 삶과 순결하지 않은 삶의 결과는 어떠합니까?

(창 39:9) 내가 어찌 이 큰 악을 행하여 하나님께 죄를 지으리이까

(삿 16:21) 블레셋 사람들이 그를 붙잡아 그의 눈을 빼고 끌고 가사에 내려가 놋줄로 매고 그에게 옥에서 맷돌을 돌리게 하였더라

(삼하 12:10) 이제 네가 나를 업신여기고 헷 사람 우리아의 아내를 빼앗아 네 아내로 삼았은즉 칼이 네 집에서 영원토록 떠나지 아니하리라

(유 1:7) 소돔과 고모라와 그 이웃 도시들도 그들과 같은 행동으로 음란하며 다른 육체를 따라 가다가 영원한 불의 형벌을 받음으로 거울이 되었느니라

(레 20:10) 그의 이웃의 아내와 간음하는 자는 그 간부와 음부를 반드시 죽일지니라

(고전 10:8) 그들 중의 어떤 사람들이 음행하다가 하루에 이만 삼천 명이 죽었나니

(잠 6:26) 음녀로 말미암아 사람이 한 조각 떡만 남게 됨이며

(잠 6:32) 여인과 간음하는 자는 무지한 자라 이것을 행하는 자는 자기의 영혼을 망하게 하며 (잠 6:33) 상함과 능욕을 받고 부끄러움을 씻을 수 없게 되나니

(엡 5:5) 너희도 정녕 이것을 알거니와 음행하는 자나 더러운 자나 탐하는 자 곧 우상 숭배자는 다 그리스도와 하나님 나라에서 기업을 얻지 못하리니

(딤전 5:6) 향락을 좋아하는 자는 살았으나 죽었느니라

4) 어떤 죄를 회개하여 다시는 그런 죄를 짓지 않도록 하겠습니까?

(시 6:6) 내가 탄식함으로 피곤하여 밤마다 눈물로 내 침상을 띄우며 내 요를 적시나이다

(요 8:11) 나도 너를 정죄하지 아니하노니 가서 다시는 죄를 범하지 말라 하시니라

이 과를 마치면서

1. 거룩한 백성으로서 거룩함을 회복하도록 기도하십시오.

소감 및 깨달은 말씀

6. 성령의 열매

"내가 이르노니 너희는 성령을 따라 행하라
그리하면 육체의 욕심을 이루지 아니하리라" (갈 5:16)

6

갈라디아서에서 바울은 복음으로 말미암은 자유를 선언하였습니다.
그런데 이 자유는 육체의 욕심을 이루기 위한 자유가 아니라 성령의
열매를 맺는 자유로 오히려 율법의 요구를 성취하는 자유입니다.
육체의 일들과 성령의 열매가 대조적으로 나타나고 있습니다.
육체의 일은 죄악 된 본성에 의해 발생하는 것이지만 성령의 열매는
성령께서 인간 가운데서 살아 역사하시므로 얻게 되는 열매입니다.
성령께서 우리 마음속에 와 계신 결과로 성령의 열매를 맺게 됩니다.
성령의 열매는 성령께서 우리 안에 내주하셔서 우리의 인격과 성품을
변화시켜 가시므로 맺어지는 인격의 열매, 성품의 열매입니다.
우리는 하나님의 형상으로 재창조된 그리스도의 성품을 갖게 되었습
니다.
성령의 열매는 그리스도의 성품이 열매로 나타나는 것입니다.

1. 육체의 소욕과 성령의 소욕

1) 우리 안에서 서로 대적하는 것은 무엇입니까?

육체의 소욕과 성령의 소욕은 주로 어떤 것을 추구합니까?

(갈 5:17) 육체의 소욕은 성령을 거스르고 성령은 육체를 거스르나니 이 둘이 서로 대적함으로 너희가 원하는 것을 하지 못하게 하려 함이니라

2) 육체의 욕심을 이기고 승리할 수 있는 방법이 무엇입니까?

(갈 5:16) 내가 이르노니 너희는 성령을 따라 행하라 그리하면 육체의 욕심을 이루지 아니하리라

(갈 5:18) 너희가 만일 성령의 인도하시는 바가 되면 율법 아래에 있지 아니하리라

3) 성령의 열매가 단수로 표현되어 있는 데에는 어떤 의미가 있습니까?

성령의 은사와 성령의 열매는 어떻게 다릅니까?

(갈 5:22) 오직 성령의 열매는 사랑과 희락과 화평과 오래 참음과 자비와 양선과 충성과

4) 성령의 열매를 맺기 위해 적극적으로 해야 할 일은 무엇입니까?

나는 성령께서 인도하시는 어떤 일에 적극적으로 순종하겠습니까?

2. 육체의 일들

1) 순결과 반대되는 성적인 죄들은 무엇입니까?

(갈 5:19) 육체의 일은 분명하니 곧 음행과 더러운 것과 호색과

2) 종교적인 죄들은 무엇입니까?

(갈 5:20) 우상 숭배와 주술과

3) 사회적인 죄(인간관계의 죄)들은 무엇입니까?

술과 관련된 개인적인 죄들은 무엇입니까?

(갈 5:20) 원수 맺는 것과 분쟁과 시기와 분냄과 당 짓는 것과 분열함과 이단과

(갈 5:21) 투기와 술 취함과 방탕함과 또 그와 같은 것들이라 전에 너희에게 경계한 것 같이 경계하노니 이런 일을 하는 자들은 하나님의 나라를 유업으로 받지 못할 것이요

4) 나와 교회 가운데 나타나고 있는 육체의 일들은 무엇입니까?

자주 짓는 죄 가운데서 어떤 육체의 일을 벗어 버리겠습니까?

3. 성령의 열매(1)

(갈 5:22) 오직 성령의 열매는 사랑과 희락과 화평과

1) 성령의 열매 가운데 사랑은 어떤 사랑을 말합니까?

우리는 이 사랑을 어떻게 나타내야겠습니까?

(요 3:16) 하나님이 세상을 이처럼 사랑하사 독생자를 주셨으니

(롬 5:5) 우리에게 주신 성령으로 말미암아 하나님의 사랑이 우리 마음에 부은 바 됨이니

(요 13:34) 내가 너희를 사랑한 것 같이 너희도 서로 사랑하라

(마 5:44) 나는 너희에게 이르노니 너희 원수를 사랑하며 너희를 핍박하는 자를 위하여 기도하라 (마 5:45) 이같이 한즉 하늘에 계신 너희 아버지의 아들이 되리니 이는 하나님이 그 해를 악인과 선인에게 비추시며 비를 의로운 자와 불의한 자에게 내려주심이라

(마 5:46) 너희가 너희를 사랑하는 자를 사랑하면 무슨 상이 있으리요

(요일 3:18) 자녀들아 우리가 말과 혀로만 사랑하지 말고 행함과 진실함으로 하자

(살전 3:12) 너희도 피차간과 모든 사람에 대한 사랑이 더욱 많아 넘치게 하사

(벧전 1:22) 마음으로 뜨겁게 서로 사랑하라

2) 희락이란 무엇입니까?

성령의 열매인 기쁨은 어떤 기쁨을 말합니까?

(사 12:3) 그러므로 너희가 기쁨으로 구원의 우물들에서 물을 길으리로다

(마 5:11) 나로 말미암아 너희를 욕하고 박해하고 거짓으로 너희를 거슬러 모든 악한 말을 할 때에는 너희에게 복이 있나니 (마 5:12) 기뻐하고 즐거워하라

(빌 4:4) 주 안에서 항상 기뻐하라 내가 다시 말하노니 기뻐하라

(빌 4:1) 나의 기쁨이요 면류관인 사랑하는 자들아

(행 8:8) 그 성에 큰 기쁨이 있더라

(롬 14:17) 하나님의 나라는 먹는 것과 마시는 것이 아니요 오직 성령 안에 있는 의와 평강과 희락이라

(느 8:10) 여호와로 인하여 기뻐하는 것이 너희의 힘이니라

3) 화평이란 무엇입니까?

우리는 어떤 화평을 누려야 합니까?

(롬 5:1) 우리 주 예수 그리스도로 말미암아 하나님과 화평을 누리자

(요 14:27) 평안을 너희에게 끼치노니 곧 나의 평안을 너희에게 주노라

(고전 7:15) 혹 믿지 아니하는 자가 갈리거든 갈리게 하라 형제나 자매나 이런 일에 구애될 것이 없느니라 그러나 하나님은 화평 중에서 너희를 부르셨느니라

(골 3:15) 그리스도의 평강이 너희 마음을 주장하게 하라 너희는 평강을 위하여 한 몸으로 부르심을 받았나니

(롬 12:18) 할 수 있거든 너희로서는 모든 사람과 더불어 화목하라

(골 1:20) 그의 십자가의 피로 화평을 이루사 만물 곧 땅에 있는 것들이나 하늘에 있는 것들이 그로 말미암아 자기와 화목하게 되기를 기뻐하심이라

4) 사랑과 희락과 화평 중에서 부족한 것은 무엇입니까?

4. 성령의 열매(2)

(갈 5:22) 오래 참음과 자비와 양선과

1) 오래 참음이란 무엇입니까?

우리가 오래 참아야 할 이유와 목적은 무엇입니까?

(벧후 3:9) 주의 약속은 어떤 이들이 더디다고 생각하는 것 같이 더딘 것이 아니라 오직 주께서는 너희를 대하여 오래 참으사 아무도 멸망하지 아니하고 다 회개하기에 이르기를 원하시느니라

(벧전 2:23) 욕을 당하시되 맞대어 욕하지 아니하시고 고난을 받으시되 위협하지 아니하시고 오직 공의로 심판하시는 이에게 부탁하시며

(약 5:11) 보라 인내하는 자를 우리가 복되다 하나니 너희가 욥의 인내를 들었고

(약 5:7) 그러므로 형제들아 주께서 강림하시기까지 길이 참으라 보라 농부가 땅에서 나는 귀한 열매를 바라고 길이 참아 이른 비와 늦은 비를 기다리나니

(약 1:4) 인내를 온전히 이루라 이는 너희로 온전하고 구비하여 조금도 부족함이 없게 하려 함이라

(눅 21:19) 너희의 인내로 너희 영혼을 얻으리라

(눅 8:15) 좋은 땅에 있다는 것은 착하고 좋은 마음으로 말씀을 듣고 지키어 인내로 결실하는 자니라

(히 10:36) 너희에게 인내가 필요함은 너희가 하나님의 뜻을 행한 후에 약속하신 것을 받기 위함이라

2) 자비란 무엇입니까?

우리는 자비를 어떻게 나타내야겠습니까?

(마 5:45) 하나님이 그 해를 악인과 선인에게 비추시며 비를 의로운 자와 불의한 자에게 내려주심이라

(눅 6:36) 너희 아버지의 자비로우심 같이 너희도 자비로운 자가 되라

(마 5:39) 악한 자를 대적하지 말라 누구든지 네 오른편 뺨을 치거든 왼편도 돌려 대며 (마 5:40) 또 너를 고발하여 속옷을 가지고자 하는 자에게 겉옷까지도 가지게 하며 (마 5:41) 또 누구든지 너로 억지로 오 리를 가게 하거든 그 사람과 십 리를 동행하고 (마 5:42) 네게 구하는 자에게 주며 네게 꾸고자 하는 자에게 거절하지 말라

(마 12:7) 나는 자비를 원하고 제사를 원하지 아니하노라

(골 3:12) 그러므로 너희는 하나님이 택하사 거룩하고 사랑 받는 자처럼 긍휼과 자비와 겸손과 온유와 오래 참음을 옷 입고

(눅 10:37) 이르되 자비를 베푼 자니이다 예수께서 이르시되 가서 너도 이와 같이 하라

3) 양선이란 무엇입니까?

우리는 선을 행하기 위해 누구를 본받아 어떻게 해야 합니까?

(행 10:38) 그가 두루 다니시며 선한 일을 행하시고 마귀에 눌린 모든 사람을 고치셨으니

(갈 6:10) 그러므로 우리는 기회 있는 대로 모든 이에게 착한 일을 하되 더욱 믿음의 가정들에게 할지니라

(행 9:36) 그 이름을 번역하면 도르가라 선행과 구제하는 일이 심히 많더니

(엡 2:10) 우리는 그가 만드신 바라 그리스도 예수 안에서 선한 일을 위하여 지으심을 받은 자니

(엡 4:28) 도둑질하는 자는 다시 도둑질 하지 말고 돌이켜 가난한 자에게 구제할 수 있도록 자기 손으로 수고하여 선한 일을 하라

(갈 6:9) 우리가 선을 행하되 낙심하지 말지니 포기하지 아니하면 때가 이르매 거두리라

4) 오래 참음, 자비, 양선 중에서 부족한 것을 무엇입니까?

5. 성령의 열매(3)

1) 충성이란 무엇입니까?
우리는 어떻게 충성해야 합니까?

(신 7:9) 오직 네 하나님 여호와는 하나님이시요 신실하신 하나님이시라 그를 사랑하고 그의 계명을 지키는 자에게는 천 대까지 그의 언약을 이행하시며 인애를 베푸시되

(계 2:10) 네가 죽도록 충성하라 그리하면 내가 생명의 관을 네게 주리라

(눅 16:10) 지극히 작은 것에 충성된 자는 큰 것에도 충성되고

(고전 4:2) 그리고 맡은 자들에게 구할 것은 충성이니라

(딤후 2:2) 또 네가 많은 증인 앞에서 내게 들은 바를 충성된 사람들에게 부탁하라 그들이 또 다른 사람들을 가르칠 수 있으리라

(딛 2:9) 종들은 자기 상전들에게 범사에 순종하여 기쁘게 하고 거슬러 말하지 말며

(딛 2:10) 훔치지 말고 오히려 모든 참된 신실성을 나타내게 하라

(히 3:5) 또한 모세는 장래에 말할 것을 증언하기 위하여 하나님의 온 집에서 종으로서 신실하였고

2) 온유란 무엇입니까?
온유함의 성격은 무엇이고 우리는 어떻게 온유함을 드러내야 합니까?

(마 11:29) 나는 마음이 온유하고 겸손하니 나의 멍에를 메고 내게 배우라

(마 21:12) 예수께서 성전에 들어가사 성전 안에서 매매하는 모든 사람들을 내쫓으시며 돈 바꾸는 사람들의 상과 비둘기 파는 사람들의 의자를 둘러 엎으시고

(민 12:3) 이 사람 모세는 온유함이 지면의 모든 사람보다 더하더라

(딛 3:2) 범사에 온유함을 모든 사람에게 나타낼 것을 기억하게 하라

(딤후 2:24) 주의 종은 마땅히 다투지 아니하고 모든 사람에 대하여 온유하며 가르치기를 잘하며 참으며 (딤후 2:25) 거역하는 자를 온유함으로 훈계할지니

(약 1:21) 너희 영혼을 능히 구원할 바 마음에 심어진 말씀을 온유함으로 받으라

(마 5:5) 온유한 자는 복이 있나니 그들이 땅을 기업으로 받을 것임이요

3) 절제란 무엇입니까?

우리는 어떤 일에 절제해야 합니까?

(고전 9:25) 이기기를 다투는 자마다 모든 일에 절제하나니 그들은 썩을 승리자의 관을 얻고자 하되 우리는 썩지 아니할 것을 얻고자 하노라

(고전 7:9) 만일 절제할 수 없거든 결혼하라 정욕이 불같이 타는 것보다 결혼하는 것이 나으니라

(잠 16:32) 노하기를 더디하는 자는 용사보다 낫고 자기의 마음을 다스리는 자는 성을 빼앗는 자보다 나으니라

(고전 9:27) 내가 내 몸을 쳐 복종하게 함은 내가 남에게 전파한 후에 자신이 도리어 버림을 당할까 두려워함이로다

(엡 5:18) 술 취하지 말라 이는 방탕한 것이니 오직 성령으로 충만을 받으라

4) 나는 부족한 성품을 성숙시키기 위해 어떻게 하겠습니까?

이 과를 마치면서

1. 성령 충만하여 성숙한 성령의 열매를 맺도록 기도하십시오.

소감 및 깨달은 말씀

7. 혀와 말

"무릇 더러운 말은 너희 입 밖에도 내지 말고 오직 덕을 세우는 데 소용되는 대로 선한 말을 하여 듣는 자들에게 은혜를 끼치게 하라" (엡 4:29)

7

야고보서 3장에서 혀는 제어하고 다스려야 하는 것으로 말합니다.

야고보는 많이 선생이 되지 말라고 했습니다.

선생이 많이 되지 말아야 할 이유는 선생은 책임이 크고 하나님 앞에서 더 큰 심판을 받기 때문입니다.

선생들이 더 큰 심판을 받는 이유는 말에 실수가 많기 때문입니다.

선생은 말을 많이 하는 위치에 있기 때문에 그만큼 실수도 많습니다.

'우리가 다 실수가 많으니' 라고 한 것 같이 말의 실수는 선생들뿐만 아니라 모든 이들이 하기 쉽습니다.

만일 말에 실수가 없는 자면 온전한 사람이라고 했습니다.

말의 실수가 적으면 적을수록 그 사람은 성숙한 인격의 사람입니다.

우리는 혀를 잘 다스리므로 성숙한 그리스도인이 되어 하나님 앞에 크게 쓰임 받는 일꾼이 되어야겠습니다.

1. 혀와 말의 중요성

1) 하나님께서 하신 말씀은 어떻게 됩니까?

(시 33:9) 그가 말씀하시매 이루어졌으며 명령하시매 견고히 섰도다

(사 55:11) 내 입에서 나가는 말도 이와 같이 헛되이 내게로 돌아오지 아니하고 나의 기뻐하는 뜻을 이루며 내가 보낸 일에 형통하리라

2) 우리가 말하는 것도 어떻게 됩니까?

(막 11:23) 내가 진실로 너희에게 이르노니 누구든지 이 산더러 들리어 바다에 던져지라 하며 그 말하는 것이 이루어질 줄 믿고 마음에 의심하지 아니하면 그 대로 되리라

3) 우리의 말이 중요한 이유는 무엇입니까?

(마 12:33) 나무도 좋고 열매도 좋다 하든지 나무도 좋지 않고 열매도 좋지 않다 하든지 하라 그 열매로 나무를 아느니라 (마 12:34) 독사의 자식들아 너희는 악 하니 어떻게 선한 말을 할 수 있느냐 이는 마음에 가득한 것을 입으로 말함이라 (마 12:35) 선한 사람은 그 쌓은 선에서 선한 것을 내고 악한 사람은 그 쌓은 악 에서 악한 것을 내느니라

(약 3:2) 우리가 다 실수가 많으니 만일 말에 실수가 없는 자라면 곧 온전한 사 람이라 능히 온 몸도 굴레 씌우리라

(잠 18:20) 사람은 입에서 나오는 열매로 말미암아 배부르게 되나니 곧 그의 입 술에서 나온 것으로 말미암아 만족하게 되느니라

(마 18:27) 그 종의 주인이 불쌍히 여겨 놓아 보내며 그 빚을 탕감하여 주었더니

(잠 20:15) 세상에 금도 있고 진주도 많거니와 지혜로운 입술이 더욱 귀한 보배니라

(출 16:9) 여호와께서 너희의 원망함을 들으셨느니라 하라

(마 12:36) 내가 너희에게 이르노니 사람이 무슨 무익한 말을 하든지 심판 날에 이에 대하여 심문을 받으리니 (마 12:37) 네 말로 의롭다 함을 받고 네 말로 정

죄함을 받으리라

(잠 12:18) 칼로 찌름 같이 함부로 말하는 자가 있거니와 지혜로운 자의 혀는 양약과 같으니라

(잠 18:4) 명철한 사람의 입의 말은 깊은 물과 같고 지혜의 샘은 솟구쳐 흐르는 내와 같으니라

    4) 나는 선악 간의 말한 것에 대해 심판 받는다는 사실을 기억하여 특별히 어떤 것을 삼가 조심해서 말하겠습니까?

2. 혀와 말의 영향력

  1) 야고보는 혀의 영향력을 무엇에 비유하여 설명하고 있습니까? 이 세 가지 비유들은 어떤 영향력을 가지고 있습니까?

(약 3:3) 우리가 말들의 입에 재갈 물리는 것은 우리에게 순종하게 하려고 그 온 몸을 제어하는 것이라 (약 3:4) 또 배를 보라 그렇게 크고 광풍에 밀려가는 것들을 지극히 작은 키로써 사공의 뜻대로 운행하나니 (약 3:5) 이와 같이 혀도 작은 지체로되 큰 것을 자랑하도다 보라 얼마나 작은 불이 얼마나 많은 나무를 태우는가

  2) 혀는 어떤 영향력을 가집니까?

(약 3:6) 혀는 곧 불이요 불의의 세계라 혀는 우리 지체 중에서 온 몸을 더럽히고 삶의 수레바퀴를 불사르나니 그 사르는 것이 지옥 불에서 나느니라

  3) 혀는 어떤 특징을 가지고 있습니까?

(약 3:7) 여러 종류의 짐승과 새며 벌레와 바다의 생물은 다 사람이 길들일 수 있고 길들여 왔거니와 (약 3:8) 혀는 능히 길들일 사람이 없나니 쉬지 아니하는 악이요 죽이는 독이 가득한 것이라

(롬 3:13) 그들의 목구멍은 열린 무덤이요 그 혀로는 속임을 일삼으며 그 입술에

는 독사의 독이 있고

4) 나는 특히 입술의 범죄를 어떻게 처리하겠습니까?

3. 한 입으로 찬송과 저주

1) 한 입으로 두 종류의 말을 하지 말아야 할 것을 무엇에 비유해서 말하고 있습니까?

(약 3:9) 이것으로 우리가 주 아버지를 찬송하고 또 이것으로 하나님의 형상대로 지음을 받은 사람을 저주하나니 (약 3:10) 한 입으로 찬송과 저주가 나는도다 내 형제들아 이것이 마땅하지 아니하니라 (약 3:11) 샘이 한 구멍으로 어찌 단 물과 쓴 물을 내겠느냐 (약 3:12) 내 형제들아 어찌 무화과 나무가 감람 열매를, 포도 나무가 무화과를 맺겠느냐 이와 같이 짠 물이 단 물을 내지 못하느니라

2) 우리는 어떤 말을 버리고 어떤 말을 해야 합니까?

(마 5:11) 나로 말미암아 너희를 욕하고 박해하고 거짓으로 너희를 거슬러 모든 악한 말을 할 때에는 너희에게 복이 있나니

(잠 16:24) 선한 말은 꿀송이 같아서 마음에 달고 뼈에 양약이 되느니라

(약 3:9) 또 이것으로 하나님의 형상대로 지음을 받은 사람을 저주하나니

(롬 12:14) 너희를 박해하는 자를 축복하라 축복하고 저주하지 말라

(렘 9:8) 그들의 혀는 죽이는 화살이라 거짓을 말하며

(잠 10:11) 의인의 입은 생명의 샘이라도 악인의 입은 독을 머금었느니라

(민 13:30) 갈렙이 모세 앞에서 백성을 조용하게 하고 이르되 우리가 곧 올라가서 그 땅을 취하자 능히 이기리라 하나 (민 13:31) 그와 함께 올라갔던 사람들은 이르되 우리는 능히 올라가서 그 백성을 치지 못하리라 그들은 우리보다 강하니라 하고

(민 21:5) 백성이 하나님과 모세를 향하여 원망하되 어찌하여 우리를 애굽에서 인도해 내어 이 광야에서 죽게 하는가 이 곳에는 먹을 것도 없고 물도 없도다

우리 마음이 이 하찮은 음식을 싫어하노라 하매

(엡 5:4) 오히려 감사하는 말을 하라

(엡 4:29) 무릇 더러운 말은 너희 입 밖에도 내지 말고 오직 덕을 세우는 데 소용되는 대로 선한 말을 하여 듣는 자들에게 은혜를 끼치게 하라

(눅 4:22) 그들이 다 그를 증언하고 그 입으로 나오는 바 은혜로운 말을 놀랍게 여겨

(약 4:11) 형제들아 서로 비방하지 말라

(고전 11:2) 내가 너희에게 전하여 준 대로 그 전통을 너희가 지키므로 너희를 칭찬하노라

(출 16:3) 너희가 이 광야로 우리를 인도해 내어 이 온 회중이 주려 죽게 하는도다

(살전 4:18) 그러므로 이러한 말로 서로 위로하라

(레 19:11) 너희는 도둑질하지 말며 속이지 말며 서로 거짓말하지 말며

(욥 33:3) 내 마음의 정직함이 곧 내 말이며 내 입술이 아는 바가 진실을 말하느니라

(엡 5:4) 누추함과 어리석은 말이나 희롱의 말이 마땅치 아니하니

(잠 23:9) 미련한 자의 귀에 말하지 말지니 이는 그가 네 지혜로운 말을 업신여길 것임이니라

(삼상 2:3) 심히 교만한 말을 다시 하지 말 것이며 오만한 말을 너희의 입에서 내지 말지어다

(시 109:3) 또 미워하는 말로 나를 두르고 까닭 없이 나를 공격하였음이니이다

(고전 13:1) 내가 사람의 방언과 천사의 말을 할지라도 사랑이 없으면 소리나는 구리와 울리는 꽹과리가 되고

3) 나는 새 샘과 새 나무로서 합당한 언어를 사용하였습니까?

4) 나는 특별히 어떤 언어생활을 고치겠습니까?

4. 언어의 사용 방법과 태도

1) 말할 때에 우리는 어떻게 말해야 합니까?

(골 3:17) 또 무엇을 하든지 말에나 일에나 다 주 예수의 이름으로 하고

(잠 25:11) 경우에 합당한 말은 아로새긴 은 쟁반에 금 사과니라

(고전 2:4) 내 말과 내 전도함이 설득력 있는 지혜의 말로 하지 아니하고 다만 성령의 나타남과 능력으로 하여

(약 1:26) 누구든지 스스로 경건하다 생각하며 자기 혀를 재갈 물리지 아니하고 자기 마음을 속이면 이 사람의 경건은 헛것이라

(시 141:3) 여호와여 내 입에 파수꾼을 세우시고 내 입술의 문을 지키소서

(골 4:6) 너희 말을 항상 은혜 가운데서 소금으로 맛을 냄과 같이 하라 그리하면 각 사람에게 마땅히 대답할 것을 알리라

(약 1:19) 사람마다 듣기는 속히 하고 말하기는 더디 하며 성내기도 더디 하라

(잠 18:13) 사연을 듣기 전에 대답하는 자는 미련하여 욕을 당하느니라

(시 38:13) 나는 못 듣는 자 같이 듣지 아니하고 말 못하는 자 같이 입을 열지 아니하오니

(잠 27:2) 타인이 너를 칭찬하게 하고 네 입으로는 하지 말며 외인이 너를 칭찬하게 하고 네 입술로는 하지 말지니라

(딤후 2:16) 망령되고 헛된 말을 버리라 그들은 경건하지 아니함에 점점 나아가나니

(딤후 2:17) 그들의 말은 악성 종양이 퍼져나감과 같은 같은데 그 중에 후메내오와 빌레도가 있느니라

(시 15:2) 정직하게 행하며 공의를 실천하며 그의 마음에 진실을 말하며

2) 우리는 언어를 사용할 때 어떤 태도로 말해야 합니까?

(잠 15:1) 유순한 대답은 분노를 쉬게 하여도 과격한 말은 노를 격동하느니라

(전 5:2) 너는 하나님 앞에서 함부로 입을 열지 말며 급한 마음으로 말을 내지 말라

(느 2:4) 왕이 내게 이르시되 그러면 네가 무엇을 원하느냐 하시기로 내가 곧 하늘의 하나님께 묵도하고

(잠 15:28) 의인의 마음은 대답할 말을 깊이 생각하여도 악인의 입은 악을 쏟느니라

(잠 18:2) 미련한 자는 명철을 기뻐하지 아니하고 자기의 의사를 드러내기만 기뻐하느니라

(고후 1:19) 우리 곧 나와 실루아노와 디모데로 말미암아 너희 가운데 전파된 하나님의 아들 예수 그리스도는 예 하고 아니라 함이 되지 아니하셨으니 그에게는 예만 되었느니라

(마 5:37) 오직 너희 말은 옳다 옳다, 아니라 아니라 하라 이에서 지나는 것은 악으로부터 나느니라

(약 2:12) 너희는 자유의 율법대로 심판 받을 자처럼 말도 하고 행하기도 하라

3) 나의 말하는 태도와 방법에는 어떤 문제가 있습니까?

4) 나의 말하는 태도와 방법에서 어떤 점을 어떻게 고치겠습니까?

5. 언어의 사용 결과

1) 언어를 잘 사용한 결과는 무엇입니까?

(잠 10:19) 그 입술을 제어하는 자는 지혜가 있느니라

(잠 12:6) 정직한 자의 입은 사람을 구원하느니라

(잠 12:19) 진실한 입술은 영원히 보존되거니와

(잠 12:25) 근심이 사람의 마음에 있으면 그것으로 번뇌하게 되나 선한 말은 그것을 즐겁게 하느니라

(잠 13:3) 입을 지키는 자는 자기의 생명을 보전하나

(잠 16:21) 입이 선한 자는 남의 학식을 더하게 하느니라

(잠 16:24) 선한 말은 꿀송이 같아서 마음에 달고 뼈에 양약이 되느니라

(잠 17:28) 미련한 자라도 잠잠하면 지혜로운 자로 여겨지고 그의 입술을 닫으면 슬기로운 자로 여겨지느니라

(잠 21:23) 입과 혀를 지키는 자는 자기의 영혼을 환난에서 보전하느니라

2) 언어를 잘못 사용한 결과는 무엇입니까?

(잠 10:19) 말이 많으면 허물을 면하기 어려우나

(잠 11:13) 두루 다니며 한담하는 자는 남의 비밀을 누설하나

(잠 12:19) 거짓 혀는 잠시 동안만 있을 뿐이니라

(잠 12:22) 거짓 입술은 여호와께 미움을 받아도

(잠 17:9) 허물을 덮어 주는 자는 사랑을 구하는 자요 그것을 거듭 말하는 자는 친한 벗을 이간하는 자니라

(잠 25:23) 북풍이 비를 일으킴 같이 참소하는 혀는 사람의 얼굴에 분을 일으키느니라

(시 12:3) 여호와께서 모든 아첨하는 입술과 자랑하는 혀를 끊으시리니

(고전 10:10) 그들 가운데 어떤 사람들이 원망하다가 멸망시키는 자에게 멸망하였나니

(약 5:9) 형제들아 서로 원망하지 말라 그리하여야 심판을 면하리라

(시 31:18) 교만하고 완악한 말로 무례히 의인을 치는 거짓 입술이 말 못하는 자 되게 하소서

(시 59:12) 그들이 말하는 저주와 거짓말로 말미암아 그들이 그 교만한 중에서 사로잡히게 하소서

3) 나는 언어생활에서 어떤 결과들을 경험해 보았습니까?

4) 나는 어떤 말을 버리고 어떤 말을 하도록 힘쓰겠습니까?

이 과를 마치면서

1. 하나님 앞에서 말할 수 있도록 기도하십시오.

소감 및 깨달은 말씀

출 석 부

제   권   제자양육, 훈련, 무장 과정   단계

출석 /8 – 지각   예습 A,B,C 중   기도 5번 일 : 10분 이상

날짜	과	이 름	출 석	예 습	성경읽기	기 도	큐 티	암 송	과 제	인도자

두루제자훈련 제자화 과정 •‥‥‥‥‥‥‥‥‥‥‥‥‥‥‥‥‥‥‥‥‥‥‥‥‥‥‥

| 제자 양육 과정 5단계(35과) |

| 제자 훈련 과정 5단계(35과) |

| 제자 무장 과정 5단계(35과) |

우리는 평신도를 제자화하여 하나님의 나라를 확장한다.

1. 1992.1.28. 마태복음 9:35-38에 예수님이 모든 도시와 마을에 두루 다니사 가르치시 며(teaching ministry) 전파하시며(preaching ministry) 고치시는(healing ministry) 사역을 하신 것을 통하여 두루선교에 대한 비전을 주셨다.

2. 우리는 교회를 중심한 제자훈련을 열심히 실시하여 왔으며 우리의 목표는 평신도를 제자화하여 하나님 나라를 확장하는 것이다.

3. 2004. 9.5. 창대교회에서 두루선교대회를 개최하여 캠퍼스 간사와 리더들과 평신도 리더들을 파송하고 지부와 교회 사역자들과 후원 이사들을 위촉하였다.

4. 두루제자훈련원 세미나는 2004년 12월 겨울학기부터 시작하게 되었는데 1년 7학기 로 정기세미나를 실시하고 있다.
   1) 초봄 학기: 2월~3월 7주   4) 여름 학기: 8월 집중   7) 겨울학기: 1월 집중
   2) 봄 학기: 4월~5월 7주   5) 가을 학기: 9월~10월 7주
   3) 늦봄 학기: 6월~7월 7주   6) 늦가을학기: 11월~12월 7주

5. 현재 세미나는 목회자반과 평신도반이 개설되어 있으며 캠퍼스는 연세대, 서울대, 이화여대 등 여러 대학에서 사역하고 있다.

6. 두루제자훈련원 중점 사역들(교회 중심의 제자훈련)
   1) 단계별 소그룹 성경공부
      ① 제자양육과정(5단계: 35과)
      ② 제자훈련과정(5단계: 35과)
      ③ 제자무장과정(5단계: 35과)
   2) 주제별(연역적인 방법) 성경강의(100 Topics)
   3) 책별(귀납적인 방법) 성경연구(신구약 66권)
   4) 제자수련회를 통한 영성훈련

7. 세미나 및 교재에 대한 문의
   두루제자훈련원 평생 전화/ 0505-500-0505
   이메일 · duru@hanmail.net   홈페이지 · www.durums.org
   해외나 멀리 계신 분은 인터넷으로 통화할 수 있습니다.

8. 해외나 지역, 교회, 캠퍼스, 직장 등에서 제자훈련 사역을 하실 분은 연락 바랍니다.

9. 등록 및 후원 입금계좌: 신한은행 110-115-963454 (계좌명: 두루선교회)

저자 이문선 목사

총신대학교 신학대학원 3년 재학 중 제자훈련을 연구하여 논문을 작성하였고 캘리포니아신학대학원에서 제자훈련 논문을 출판하였다. 비브리칼신학대학원 목회학 박사과정 논문을 준비하고 있으며 지금까지 25년 이상 제자훈련을 연구하며 실시하고 있다. 현재 대한예수교장로회 총회(합동) 서울북노회 창대교회(일산) 담임목사로 섬기고 있으며 프리셉트 전문 강사로 일산을 중심으로 1998년부터 8년째 90학기(10주 과정) 정도 신구약 성경을 강의하였다. 두루제자훈련원(두루선교회)을 설립하여 2004년 12월부터 1년 7학기로 정기세미나를 인도하고 있으며 현재 목회자반과 평신도반을 강의하고 있고 연세대와 서울대와 이화여대를 중심으로 캠퍼스 사역을 실시하고 있다.

논문: 제자훈련의 이론과 실제
교재: 두루제자화 과정

두 루 제 자 훈 련 원   제 자 화   과 정
제12권 제자무장 2단계 그리스도인의 성품

초판 1쇄 발행일 | 2009년 1월 15일
초판 2쇄 발행일 | 2018년 5월 1일

지은이 | 이문선, 펴낸이 | 김학룡, 펴낸곳 | 엔크리스토
마케팅 | 유영진, 조형준, 관리부 | 박상진, 김정구, 신순영, 정재연
교 정 | 김의수, 임유진, 표지그림 | 진형주

출판등록 | 2004년 12월 8일(제2004-116호)
주   소 | 경기도 고양시 일산동구 장항동 585-2
전   화 | (031)906-9191 팩스 | 0505-365-9191
이 메 일 | books9191@naver.com
공 급 처 | 기독교출판유통 전화(031)906-9191 팩스0505-365-9191

ISBN 978-89-92027-94-6 04230
     89-92027-02-8 (세트)

값 3,000원

● 잘못된 책은 바꾸어 드립니다.
● 이 교재의 사용 방법, 내용, 훈련, 세미나에 대한 문의는 두루제자훈련원 (0505-500-0505)으로 해주시면 최선을 다해 도와드리겠습니다.